_____ 님께

_____ 드림

경찰 김정환의 유쾌하고 솔직한 청렴이야기

목민경찰
39+

경찰 김정환의 유쾌하고 솔직한 청렴이야기

목민경찰

39+

제75대 세종경찰서장
경찰학 박사 김정환

목민심서를 통하여 청렴의지를 다지다

경찰 38년 10개월 12일, 되돌아보면 수많은 강과 산, 고개를 넘으며 공직이라는 가볍지 않은 등짐을 지고 힘겹게 내달렸던 기나긴 세월이었습니다.

가정 형편이 어려워 동사무소 사환 월급 6천 원으로 간신히 야간고등학교를 다니면서 배가 너무 고프고 힘들었지만 가난은 부끄러운 일이 아니라며 스스로를 단련했습니다.

순경으로 경찰에 입직하여 파출소부터 경찰청까지 근무지마다 '내가 아니면 이 일을 누가 하랴'라는 자신감으로 일했습니다. 그덕에 상사와 선후배로부터 오지랖이 멍석만 한 '발바리'라는 별명을 얻고 우쭐해 했습니다.

가족과 함께 지낼 달콤한 주말과 휴가를 반납하고 지하철을 독서실 삼아 짜투리 시간을 쪼개고 쪼개어 학부에서 박사까지 마치는 과정은 자신이 얼마나 독한 사람인가 놀라면서도 자랑스러웠습니다.

여러 부서를 거치면서 승진을 거듭하고 마침내 고향 땅 세종시 경찰서장으로 근무하는 영광까지 갖게 되었습니다. 그 과정에서 오로지 '시민·업무·청렴'이라는 세 화두를 머리속에 넣고 부족하지만 작은 성과도 거두었습니다. 그리고 제 이름이 알려질 때마다 대견스러웠고 자긍심이 넘쳐났습니다.

그러나 공직을 마감하고 지난 시간을 되돌아보니 재직시절 힘들 때마다 읽었던 다산 정약용 선생님의『목민심서』부임부터 해관까지 12편 72조 중 단 한 줄도 제대로 실천하지 못한 것 같은 아쉬움을 갖게 되었습니다. 일을 잘하겠다는 욕심을 내세워 새로운 치안 시책을 진행하며 동료들을 힘들게 하거나 현장에서 시행착오로 조직과 시민들에게 누를 끼친 일도 있었을 것이라 생각되었습니다.

주마등처럼 지나간 아픔과 시련, 눈물과 성취감의 공직 경험을 그냥 흘려 보내기가 아까웠습니다. 경험하고 느낀 그대로 당시의 기억을 더듬어 서툰 글쓰기로 몇 자 기록해 보았습니다.

정리를 마치고 나니 아쉽고 부족한 부분이 너무 많아 부끄럽지만 가감없는 이 기록이 경찰직을 이어가는 아들과 딸 그리고 자랑스러운 후배들에게 작은 보탬이 되었으면 하는 마음입니다.

끝으로 책이 나오기까지 응원해주신 전 경북경찰청 박화진 청장님, 선후배 동료 경우님, 존경하는 우리 세종시민 분들, 그리고 집안 종친 등 모든 분께 감사의 말씀을 올립니다. 그리고 일생을 함께하며 늘 든든한 울타리가 되어주고 있는 아내 이종숙 여사에게 사랑한다는 말과 고마운 마음을 전합니다.

갑진년 봄
세종에서 김정환

사랑과 우정의 갑질자

신현기
(한세대 경찰행정학과 교수, 경기도북부자치경찰위원장)

한국영상대학교 경찰범죄심리과 김정환 교수님이 39년여 장구한 세월, 경찰 공직을 수행하고 연이어 학계에 들어와서 인생 일대기를 집대성하여 한 권의 값진 저서를 세상에 내놓게 된 것을 진심으로 축하합니다.

김 교수님과의 인연은 한세대 경찰법무대학원 입학과 함께 지도교수로 시작되었고 그의 학문 열정은 마침내 경찰학 석사와 박사를 연이어 취득하는 기염으로 이어졌습니다. 순경에서 출발한 김 교수님은 어렵고 험난한 경찰의 길을 공·사 모든 면에서 주위 사람들에게 모범을 보이셨습니다.

김 교수님의 성품은 타인에 대한 존중과 배려 속에 늘 자신을 성찰해 가는 외유내강의 전형으로 후배들은 그와 함께 일하고 싶어

하고, 학생들은 그에게 배우고 싶어 하며 학자들은 그와 함께 학문을 연구하고 싶어 하는 인간 승리의 표상이라 할 수 있습니다.

　이러한 김 교수님이 오랜 경찰직을 수행하면서 오로지 시민의 안전과 조직 발전을 위해 발로 뛰고 몸으로 부딪치면서 흘린 땀과 눈물로 펴낸 이 한 권의 책을 공직을 수행하는 많은 후학들이 한 번 정도는 읽고 실천 의지를 다진다면 그들의 공직생활은 보람과 영광으로 가득할 것이라 믿어 의심치 않습니다. 어제도 오늘도 이 세상이 더 아름다워져야 한다며 함께 가자고 주변 사람들을 들들 볶아대는 사랑과 우정의 '뼈질자' 김정환 교수님! 과거와 현재처럼 미래에도 그가 행했던 시민 행복을 위한 업무 열정과 그가 추구하는 학문 세계가 광활하게 펼쳐지기를 기원드립니다.

항상 낮은 자세의 선한 영향력 발휘자

정교순
(前 대전지방변호사회 회장, 법무법인 유앤아이 대표 변호사)

인생은 어떤 사람과 인연을 맺느냐에 따라 삶의 내용이 달라지고, 불가에서는 때가 되면 이루어지는 것을 '시절 인연'이라 하듯이 인연은 숙명적이기도 합니다.

김정환 서장님과는 같은 고향인 세종시 전신인 연기군 출신으로서 검찰·경찰에 근무한 인연과 더불어 2020년부터 3년간 세종시 감사위원으로 함께 근무한 인연이 있습니다.

소년 김정환은 영·정조 시대 대표적 실학자인 추사 김정희의 혈연이라는 자부심으로 어린 시절의 가난을 통하여 긍정적인 자세와 위기를 극복하는 지혜로움을 배웠고 청년 김정환은 순경으로 경찰에 입직한 후 솔선수범과 철저한 준비, 조직에 대한 적극적 헌신의 자세로 상사들로부터 성실성과 능력을 인정받았으며, 장년 김정환

은 선공후사와 강인하고 유연한 리더십을 발휘하여 고향인 세종경
찰서장으로 금의환향하였습니다.

또한 남보다 앞서 미래를 준비하는 자세로 재직 중 피나는 노력
으로 박사학위까지 취득하여 공직 퇴임 후에는 대학 교수로 나라의
기둥이 될 인재들을 육성하고 있고, 청렴교육전문강사 자격으로 공
무원, 기업인, 직장인 등을 상대로 유연하고 명쾌한 청렴강의 등으
로 전국적인 명성을 얻고 있습니다.

세종시 감사위원으로 활동할 때에는 항상 자신을 낮추면서 자
칫 무거워질 수 있는 회의 분위기를 특유의 촌철살인 멘트로 편안
하게 유도하는 등 소통의 달인으로서의 면모도 유감없이 발휘하였
습니다.

김 서장님은 평소 다산 정약용 선생님을 롤모델로 삼아 심신을
수련하였고, 경찰 재직 중에는 물론 퇴직 후에도 독서와 칼럼을 통
하여 자신의 삶을 정리해 오고 있습니다.

이렇게 김 서장님의 성공적인 삶을 되돌아보면서 '가난한 사람

추천사

은 가난한 이유가 있고, 성공하는 사람은 성공하는 이유가 있다'는 명언을 가까운 거리에서 보고 실감할 수 있었습니다.

이번에 김 서장님이 오랜 경찰 생활에서 느낀 소회를 담아 '김정환의 목민경찰 39+' 제하 48개 소제목으로 고사성어의 의미와 유래, 그리고 거기에 들어있는 교훈을 설명한 후 시민을 위한 공직자의 바른 자세와 조직 발전을 위한 헌신, 공정, 정직, 청렴을 강조하면서 본인의 경험담을 담담한 필체로 서술하였습니다.

지금까지 이렇게 고사성어의 접근을 통해 깨우침을 주는 저서는 저에게는 처음이었고 미리 보내주신 원고를 완독하면서 경찰을 비롯한 모든 공직자가 한 번쯤은 읽어 보았으면 하는 바람을 갖게 되었습니다.

부디 독자들이 이 책을 통해서 삶의 의미를 성찰하시고 국가, 사회에 한 줄기 빛과 같은 작은 희망과 선한 영향력을 발휘하는 계기가 되길 바라면서 추천사에 갈음합니다.

세상을 향한 긍정과 소통의 개척자

김성수

(前 세종특별자치시 감사위원회 위원장)

김정환 서장님의 『목민경찰 39+』의 출간을 축하드립니다. 서
장님의 소회가 세상 문을 열고 나와 글로서 모양을 갖추니 새로
운 도전과 보람의 씨앗이 대지 위에 뿌리를 내리게 된 것이라고
생각합니다. 저는 경찰 김정환이 누구냐고 묻는다면 '성실한 공
직자의 표상'이라고 말합니다. 2018년 세종시 보건복지국장 시절
지역사회 청소년 자살 문제 단초를 찾기 위해 세종경찰서를 찾은
것이 김 서장님과의 첫 만남이었습니다.

세종시 반곡동이 고향이라며 따뜻한 시선과 온화한 표정으로 자
상하게 설명을 해 주시던 모습을 기억합니다. 3년 뒤 세종시 감사
위원으로 다시 만난 서장님은 과거 수사·감사 경험을 살려 한 번도
빠지지 않고 심의에 참석하여 감사위원회 판단과 의결에 흠결을

없애고 완결성을 높여 주셨습니다.

　말은 사람의 지혜와 의지를 담고 글에는 그 말과 역사를 담는다고 합니다.이제 '경찰 김정환의 역사'가 글로써 태어나 세상에 나오게 되었습니다. 서장님의 글에는 세상을 향하는 긍정의 마음, 선한 의지 그리고 세상과 소통하는 통로를 담고 있습니다.

　세상이 '경찰 김정환'의 작은 숨소리에 귀를 기울이고 세상을 향해 외치는 그의 말을 경청하길 기대해 봅니다. 존경하는 김정환 선배님과의 소중한 인연의 끈이 오래오래 지속되길 소망하며 먼 길을 함께 가고 싶은 마음을 여기에 흔적으로 남깁니다.

깔끔하게 정리된 종이부시의 삶

김중규
(세종의 소리 대표)

저자 김정환 서장님과는 세종경찰서장 재직시절에 처음으로 만났습니다. 기자와 경찰, 약간의 경계(儆戒), 즉 '간을 보는 조우(遭遇)'였다고 할 수 있지요. 그러고 나서 7년이 흘렀습니다.

인간 김정환. 그는 참으로 열정이 넘치는 사람입니다. 특히 시민을 위한 일이라면 아주 작은 일에까지 고민에 고민을 거듭하면서 최선을 다하는 모습이 너무 멋있게 보이는 사람입니다.

제가 만나는 경찰관들은 이구동성으로 "김정환 서장님은 한 가지 주제가 정해지면 몇 날 며칠 고민하면서 직원들과 중지를 모아 최상의 방법을 찾고 그 과정에서 포기하지 않고 끝까지 밀고 나가서 마침내 시민들로부터 큰 신뢰를 얻는 등 많은 성과를 거양하는 불도저 같은 사람이며 수시로 후배들에게 공직자의 정직과 공정과

성실을 강조하면서 부패와 타협해서는 절대 안 된다는 말을 입에
달고 다니는 정의롭고 청렴한 사람"이라고 이야기합니다.

　저서 『김정환의 목민경찰 39+』는 바로 이런 김정환의 자화상이
라고 할 수 있습니다. 열정과 자신감에서 오는 떳떳함으로 그는 끊
임없이 변화를 창조하는 사람입니다. 그렇게 만든 이모작 인생은
화려하다 못해 눈이 부실 정도라 해도 과언이 아닙니다. 대학교수
에서 세종시 감사위원과 선거관리위원으로 이제는 세종의 모든 언
론인 모임인 '참언론운영위원회' 회장에… 참 바쁘게 살면서도 그
속에서 깔끔하게 정리된 모범적인 인생을 사는 사람입니다. 이는
김정환의 자신감을 토대로 한 변화의 산물이라고 할 수 있습니다.

　종이부시(終而復始), '하나를 끝마치고 다른 것을 새롭게 시작하
는 삶'을 살아가는 인간 김정환의 인생 실타래는 60대 중반에도 쉬
임 없이 풀어지고 있습니다. 대마(大麻)밭의 쑥은 삼처럼 자란다고
합니다. 이 책은 '유쾌한 청렴교육 전문강사 김정환'이 내어주는 실
오라기를 부여잡고 대마밭의 쑥처럼 함께 커보고 싶은 욕망을 주
는 책이라고 할 수 있습니다. 평생을 민중의 지팡이로 살아온 기록

을 담은 이 책은 단순한 한 인간의 역사가 아니며 유쾌하고 청렴한 삶은 어떻게 살아야 하는가에 대한 해답을 제시해 주고 있다고 해도 과언이 아닙니다.

그 해답은 삶의 지혜가 되어 독자에게 교훈으로 다가오고 있습니다. 누군가가 1년에 한 권의 책만 읽어야 한다면 『김정환의 목민 경찰 39+』을 권하고 싶습니다.

추천사

유머와 웃음, 열정의 분위기 메이커

심임무
(서울경찰청)

열정과 사명감으로 똘똘 뭉친 대한민국 최고의 경찰관! 더 이상의 미사여구가 필요 없습니다. 적어도 제가 알고 있는 이 분은… 며칠 전, 경찰생활의 소회를 담은 책을 쓰고 있는데 추천사를 보내 달라는 요청을 받고, "교수님 제가 추천사를 쓸 자격이 됩니까? 추천사는 인지도가 있는 유명한 분들이 써야 책의 값어치가 살아나는 것 아닙니까?"라고 물었더니, "무슨 소리야, 높고 유명한 사람도 좋지만 나를 가장 잘 아는 지인이나 내가 아끼는 선후배님들이 써 줘야 그게 빛이 나는 거지!"라고 반문하셨습니다.

눈치 빠르신 분이라면 금방 어떤 성품을 가진 분인지 가늠할 수 있고, 책 속에 실린 내용에 대한 충분한 호기심이 자극될 것이라 믿습니다. 현직에 계실 때 지역의 만점치안을 위해 쏟아 부었던 열정은 '김정환=범죄예방=주민생활안전의 달인'이라는 단어를 만들기에 충분했습니다. 항상 유머와 웃음이 떠나지 않는 경찰서 분위기 메이커! 직원들이 신명나게 일을 하고, 최고의 성과를 낼 수 있도록 원동력을 주시며 모든 이들의 귀감이 되셨던 분!

식지 않는 열정으로 퇴직 후에도 대학강단에서 후학을 양성하면서 전국을 돌아다니며 청렴교육 일타강사를 하는 가운데 펴낸 『김정환의 목민경찰 39+』은 공직의 길을 걷고 있는 많은 분들께 뜻깊은 자극제가 될 것이라 확신합니다.

반짝 반짝 톡톡, 부담(?)스런 아이디어 제조기

정호영
(경찰청)

제가 김정환 과장님을 처음 만난 것은 2016년 수도 서울의 '치안 1번지', 강남경찰서 생활안전과장(現 범죄예방대응과장)으로 부임하셨을 때입니다. 시민과의 최접점에서 범죄예방과 112신고 처리를 책임지는 경찰의 본질적 기능인 '지역 경찰' 업무 관련, 경력과 경험이 화려·풍부했던 과장님은 스스로 '범죄예방 전문가, 생활안전 통, 소통·화합의 달인'으로 자처하시면서 부임 초기부터 의욕이 넘쳐나는 모습이셨습니다.

저도 누구에게도 뒤지지 않는 업무에 대한 열정과 패기가 차고 넘쳤던 만큼, 고수가 선수를 당연히 알아보시고 저에게 크고 작은 역할을 마구마구 쏟아부어(?) 주시는 바람에 과장님을 가까이서 보좌하면서 재미있고도 아주 독하고도 쓰린(?) 경험을 하게 되었습니다. 과장님은 정말 반짝반짝, 아이디어가 무궁무진한 분입니다. 한 번은 제가 "과장님의 그 톡톡 튀는 아이디어는 어디서 그렇게 나오는 겁니까?"라고 묻자 과장님은 "주민의 눈높이와 Need를 생각하면서 고민하고 또 고민하면 정답은 아닐 수 있지만 해답은 반드시 나온다"라는 이야기를 해 주셨습니다.

과장님은 부임하시자마자 어느새 사귀셨는지(?) 수많은 주민들의 봉사열정을 모으고 또 모아서 '골목길 안심 순찰대'를 발대하여 금요일 밤 논현동·역삼동 뒷골목을 와자지껄 순찰을 도는 한편 강남구청과협업하여 특수형광물질을 도포하는 등 쉴새없이 아이디어를 내고 이를 현장에 접목시키면서 직원들과 웃고 떠들었던 정말 활력이 넘치는 모습을 보이셨습니다.

또한 자신의 숱이 적은 머리를 내세우시면서 역시 머리숱으로 고민(?)하는 직원들을 보기만 하면 '내 가족·내 소중한 친구'라고 살갑게 다가가 같이 사진을 찍고 모임(?)을 만드는 등 평소 장착된 유머를 사정없이 날리는가 하면 생활안전과 식원들과 '힌강 치킨 파티', '계곡 백숙 파티'등 같이 웃고 떠들고 소통·화합하는 분위기 속에 정말 재미있게 일하고 성과도 대단했던 강남경찰서의 1년이 지금도 기억에 생생합니다.

이러한 과장님의 탁월한 교감 능력 덕분에 우리는 시대와 공간을 초월해 지금도 소통하고, 그로 인해 단지 현재가 아닌 그 너머 인생에 대한 설계와 삶을 대하는 태도, 그리고 지향점에 대해 고민해보게 된다고 생각합니다. 중국 고사에 '백척간두진일보(百尺竿頭進一步)'라는 말이 있습니다. 이는 백자나 되는 장대 위에 이르러 또 한 걸음 더 나아간다는 뜻으로 과장님을 떠올리게 하는 아주 적합한 표현이라고 생각합니다. 멋진 직장 선배를 넘어 자랑스러운 인생 선배, 우리 김정환 과장님! 이 분을 공직을 수행하시는 모든 분에게 『김정환의 목민경찰 39+』라는 책자를 통해 소개해 드리고 같이 교감하셨으면 하는 바람입니다.

세상의 찌든 때를 벗기는 지혜와 슬기의 마중물

구재우

(충남경찰청)

저는 김정환 서장님을 상사로 모시고 같은 경찰서에서 과장으로 근무하였습니다. 김 서장님은 참 밝고 활기찬 분입니다. 그래서 그의 주변에서는 항상 선한 기운이 느껴짐을 알 수 있습니다. 자신감이 충만하면서도 따뜻한 모습의 인간미에 이끌리지 않을 사람은 아마 없을 겁니다. 또한 부지런하며 전형적인 아침형 인간입니다. 새벽 등산을 하며 일과를 구상하고 낮에는 직원들에게 그리 힘들게 하지 않으면서도 반짝이는 아이디어로 주민에게 적극적으로 다가가는 여러 시책을 실시하여 신뢰를 얻고 많은 성과를 창출합니다.

순경에서 총경까지 승진한 역사와 바쁜 경찰업무 중에도 열심히 노력해서 박사가 된 것만으로도 이를 증명하고 있습니다. 그는 진솔합니다. 아래 사람에게 솔직하고 주위 사람들에게 꾸밈이 없으며 윗사람에게는 늘 공손한 모습입니다. 그러면서도 그는 노련합니다. 바닥부터 시작하였기에 남들이 가지 않고 갈 수 없는 힘들고 어려운 부서에서도 끈기와 인내로 늘 웃고 즐기면서 일을 하는 멋쟁이입니다.

경찰의 모든 업무를 섭렵하였기 때문에 현장에서 더욱 강하고 사회의 실상을 잘 알고 있기에 그가 추진한 치안 시책은 요점이 명확하고 현실적이어서 주민들에게도 많은 도움이 되고 있습니다. 그런 그가 정년퇴직 후에도 대학교수에, 청렴교육전문강사에 동분서주 열심히 활동하신다는 소식을 들으며 진심으로 응원을 드렸는데 이번에는 '김정환의 목민경찰 39+' 제하 책을 내신다고 하니 놀랍기도 하고 한편으로는 그의 캐릭터에 아주 잘 부합한다는 생각이 들었습니다.

평생 각진 조직인 경찰관으로 살면서도 정과 인간미가 넘치는 김 서장님의 인생관이 담긴 이 책을 통해 공직자는 물론 세상의 찌든 때를 벗기고자 노력하는 많은 사람에게 사물을 또 다른 각도에서 바라보는 재미와 함께 살아가는 지혜와 슬기를 얻는 마중물이 되었으면 좋겠습니다. 그래서 저는 올해의 책 한 권만 추천한다면 주저함이 없이 『김정환의 목민경찰 39+』라고 자신 있게 말씀드립니다.

친근과 소탈 쉬임없는 일 중독의 대명사

이상래
(세종경찰청)

세상의 으뜸이라는 세종시의 치안을 총괄하는 막중한 책무를 안고 제75대 김정환 세종경찰서장님이 부임하시던 날.. 경무계장으로 근무하던 저는 여느 때와 마찬가지로 취임식과 업무보고를 준비하였으나 미리 전달해 드렸던 전 직원 이름과 전화번호를 본인이 모두 휴대폰에 입력한 후 취임 전날 저녁, 자신의 사진과 함께 취임사를 문자로 보내는 것으로 취임식을 갈음하신 분..

부임 당일 아침, 본서 각 사무실을 한 바퀴 휙 돌고는 곧바로 지구대, 파출소를 방문하는 것을 시작으로 불필요한 의전이나 형식을 탈피하는 파격적 행보로 업무를 시작한 분.. 취임 일성으로 지역주민에게는 항상 역지사지(易地思之)의 낮은 자세로 대하도록 하고 직원들에게는 수처작주(隨處作主)의 마음을 강조하는 한

편 직원들의 만류(?)에도 불구하고 경찰 내부의 드러내기 거북한 불통을 깨기 위해 지역주민을 초청, '쓴소리 경청간담회'를 개최하였습니다. 그리고 이를 토대로 '3不(불안, 불편, 불만)을 해소하기 위한 '명품 세종경찰 실천대회'를 여는 등 의욕을 다지며 순찰효과를 극대화시키는 '삼각포인트 순찰'이나 굿모닝 해피스쿨 등 1년여 재임 동안 오로지 시민의 Need와 눈높이에 맞추려는 서장님의 행보는 그칠 줄을 몰랐습니다.

또한 내부 직무만족도 향상을 위해 존중과 배려, 화합과 단결을 강조하면서 설과 추석에는 사모님과 함께 지구대와 파출소에 떡을 배달하고 심야에도 불시에 피자나 치킨을 사들고 가는 서프라이즈맨으로 나타나 직원들을 화들짝 놀라게 하는 등 항상 낮은 자세로 모범을 보이셨습니다.

이런 열정으로 체감안전도 등에서 최고의 성과를 거양하였으며 2019년 국회 행정안전위원회 주관 지방자치 치안행정분야 대상을 수상하는 영예를 안기도 하였습니다. 이렇게 업무에 대한 타고난 열정과 근무의욕은 때론 직원들에게 부담(?)을 듬뿍 선사하기도 하였으나 특유의 격의 없는 소탈함과 친근감으로 다가가 경찰의 존재 이유와 가치를 새롭게 정립시킨 롤모델로 자리매김하였다고 자타가 공인하고 있습니다.

금번 서장님의 땀과 눈물, 보람과 영광이자 우리 경찰의 산 역사라 할 수 있는 『김정환의 목민경찰 39+』의 기록에서 공직자가 갖추어야 할 기본자세와 함께 공직을 수행하는 데 필요한 지혜와 슬기를 충분히 얻을 수 있으리라 생각됩니다.

논어에 덕불고 필유린(德不孤 必有隣) 즉 '덕이 있는 자 외롭지 않고 반드시 이웃이 있다'라는 말처럼 서장님의 제2의 멋진 인생길에 늘 많은 사람들과 함께하시면서 우리 후배경찰의 전설이 되시기를 기원드립니다.

차 례

PART 3_ 숙명의 길 공·직·자

PART 4_ 시대의 화두 소통과 화합

차 례

PART 7_ 귀향, 새로운 출발

- 경찰 김정환의 유쾌하고 솔직한 청렴이야기 -

목민경찰

39+

Part 1

나의 고향
나의 부모님

01

경찰관을 왜?

타관가구(他官可求)
목민난구(牧民難求)

다른 직업은 다 구해도 좋으나 목민관만은 쉽지 않
은 길이므로 직(職)을 수행하기 위해서는 자기 희생
의 마음 가짐을 가져야 한다

– 목민심서 '부임 편', '제배'

他 다를 타, 官 벼슬 관, 可 옳을 가, 求 구할 구

牧 칠 목, 民 백성 민, 難 어려울 난, 求 구할 구

공직자는 국민들이 편안하고 안전하게 삶을 영위할 수 있도록 최선을 다해 지켜주어야 하는 막중한 일을 하는 직업인으로 비록 덕을 갖추었다 하더라도 정당한 권위가 없으면 수행하기 어렵고 하고 싶은 뜻이 있다 하더라도 냉철한 판단력이 부족하면 이를 수행하지 못합니다. 공직의 어려움과 사명감을 강조하는 말입니다.

한국고용정보원에서 2020년 우리나라 직업의 종류가 1만 6천여 개라고 발표한 바 있는데 이 많은 직업 중에 하루 5만여 건의 112신고 사건을 처리하기 위해 권총을 허리에 차고 대로를 활보하며 직접 법을 집행하는 직업을 가진 사람은 경찰관밖에 없을 겁니다.

또한 중·고등학생이 희망하는 직업 중 다섯 손가락 안에 드는 직업이 경찰관일 정도로 젊은이들이 많은 관심을 갖는 직업이기도 합니다. 그러나 경찰관이 되었다고 모두가 60세 정년까지 가지는 못합니다. 적성에 맞지 않아 중도 하차하거나 불법, 부정, 비위로 안타깝게 중도에 옷을 벗는 일도 있습니다.

모 경찰서 과장으로 근무할 때의 일입니다. 평소 성실했던 직원이 경찰 동기 감찰 사건을 잘 무마해 주겠다며 금품과 성 접대를 받는 등 부정한 사건에 연루되어 조직에서 배제되었습니다. 그 일로 인해 저도 직원 교양 소홀로 경찰 인생 두 장의 경고장 중 한 장의 노란 경고장을 받았습니다. 또 다른 경찰서에서는 수사 정보를 유출하여 강등된 후 조직과 상사에 대해 사사건건 불만을 토로하며 직원들의 움직임을 기록하고 감시하면서 있지도 않은 일을 진정하는 등 조직과 동료들 사이에 극심한 갈등을 빚은 직원의 좋지 않은 말로를 보기도 하였습니다.

하지만 대다수의 경찰관은 시민의 안전과 평안, 그리고 경찰조직 발전을 위해 정말 최선을 다하고 있습니다. 사람이 길바닥에 누워 있다는 신고를 받고 나가면 이 사람을 어떻게 해야 할지 정말 답답한 상황이 너무도 많습니다. 순찰차에 태워서 이동시켜야 할지 119에 통보해야 할지 아니면 깨워서 그냥 스스로 가도록 해야 할지.. 매뉴얼이 있지만 쉴새 없이 떨어지는 112신고를 두고 그 사람만 마냥 쳐다볼 수는 없는 상황입니다.

저는 1981년 군 전역 후 곧바로 경찰에 들어가 어언 38년 10개월 12일이란 긴 시간을 보내고 정년을 맞이했습니다. 80년대 경찰관, 그 중에서도 가장 말단인 순경의 사회적 지위는 그리 인정받는 위치가 아니었습니다.

적성에 맞지 않아 중도 하차한 경우도 있고 부패 비리로 나간 동료도 있고 어느 선배는 선을 보는 데 경찰 간부가 아닌 말단순경이라는 이유로 퇴짜를 맞자 사표를 낼 정도로 자부심과 자존감이 많이 떨어지는 직업이었습니다.

'경찰관'

경찰관직무집행법에 경찰공무원은 국민의 자유와 권리 및 모든 개인이 가지는 불가침의 기본적 인권을 보호하고 사회공공의 질서를 유지하기 위함을 목적으로 국민의 생명·신체 및 재산의 보호를 가장 중요한 첫 번째 직무 범위로 규정해 놓고 있습니다. 하지만 이런 숭고한 의무를 수행하는 과정에서 격려와 칭찬보다는 질책과 원망의 말을 더 많이 듣기도 합니다. 처음부터 칭찬을 듣기 위해 경찰관 직업을 택했다면 그 선택은 잘못되었습니다. 욕먹는 그곳이 바로 경찰의 시작이기 때문입니다.

타관가구 목민난구(他官可求 牧民難求)

다른 직업은 다 구해도 경찰관이라는 직업을 구하려면 더 생각하고 더 숙고하시기를 바랍니다.

02

고향은 나의 힘!

수구초심(首丘初心)
망운지정(望雲之情)

여우는 죽을 때 고향 구릉을 향해 머리를 두며 타향
객지에서 구름을 바라보며 부모님을 그리워한다

— 예기 '단궁 편', '당서'

首 머리 수, 丘 언덕 구, 初 처음 초, 心 마음 심
望 바릴 밍, 雲 구름 운, 之 길 지, 情 뜻 징

객지에서 늘 자기 근본을 잊지 않고 최선을 다하는 모습을 표현한 말입니다. 누구나 고향은 늘 그리운 곳이고 아련한 향수가 깃든 곳입니다. 지금도 눈을 감으면 가장 먼저 떠오르는 저의 고향은 충남 연기군 금남면 반곡리 324번지, 지금의 세종시 반곡 9길 단독주택지 어디쯤에서 제가 나고 자라서 중학시절까지 보낸 향수가 드리워진 고향 땅입니다.

조치원역에서 버스로 갈아타고 대평리 면소재지에 내리면 밤 9시쯤, 155센티 키의 고등학생이 가방을 질질 끌며 밤길 15리를 걸어가면 장 보러 갔던 어르신이 얼큰해진 막걸리 기운에 밤새 도깨비 아닌 빗자루와 씨름을 하셨다는 논길 어귀 벼락 맞은 고목이 저를 지켜보고 있었습니다. 조금 더 걸어가면 얼마 전 돌아가신 동네 할아버지 무덤이 보이고 6·25 전쟁 당시 치열했던 금강 전투 격전지에 다다릅니다.

어느 날은 석삼리(지금의 세종시 소담동) 앞 금강 변 상엿집 부근을 지날 때 상여 덮개에 달린 작은 방울 소리에 놀라 한 동안 식은 땀을 흘리며 꼼짝없이 얼어 붙었던 적이 있습니다. 그 무서운 경험을 왜 사서 했는지 지금도 이해가 가지 않는 즐겁고도 뿌듯했던 혼자만의 공포 체험 추억도 떠오릅니다. 경찰에 입직해서 결혼하고 아이를 낳고 키우면서 시간이 날 때마다 아내와 아이들 손을 잡고 고향에 계신 부모님을 찾아뵙는 게 가장 소중한 즐거움이었습니다. 고향은 나를 지켜준 등대와 같은 곳입니다. 수십 년의 경찰생활 동안 무사 무탈하게 잘 마치도록 힘을 북돋아 주고 자랑스러워해 주고 믿어준 곳이 고향이었습니다. 감당키 어려운 지시를 받고 몇 날 몇 밤을 괴로워하며 술을 밥 삼아 마시며 고민하고 모든 것을 내려놓고 싶을 때도 고향은 제가 이겨내고 일어설 수 있게 만든 거대한 제 힘의 근원지입니다.

승진을 앞두고는 학연, 지연, 혈연 하나 없이 가진 뒷배경이라고는 '열심'과 '최선'밖에 없을 때 관세음보살님이 현존해 계신다는 남해 보리암, 여수 향일암, 낙산사 홍련암, 보문사 석굴 법당을 찾고 그것도 부족하면 팔공산 갓바위를 허덕거리고 올라 빌고 또 빌었습니다. 나중에는 추사 김정희 선생이 돌아가시기 3일 전에 쓰셨다는 현판이 있는 강남 봉은사 '판전'에 다녀온 후 마지막 들르는 데가 450여 년간 조상님들이 살아 오셨고 저를 태어나게 한 반곡리 괴화산이었습니다. 이제는 공직에서 물러나 연기군이 아닌 세종시에, 반곡리가 아닌 반곡동에 상전벽해(桑田碧海)를 넘어 천지개벽한 고향 세종시에서 살고 있습니다. 넷째 손자인 저를 마냥 좋아하셨던, 제가 공포 영화의 주인공처럼 그 무서운 십오 리 길을 걸어서 고향을 찾은 이유인 할머니도, 부모님도 이제는 모두 계시지 않습니다. 그러나 고향이 바로 할머니이고 어머니 품 같은 따뜻하고 편안한 곳입니다.

수구초심 망운지정(首丘初心 望雲之情)

　오늘도 신도시 개발로 하나둘씩 사라져 가는 고향 산천의 옛 모습이 안타까워 괴화산 집현바위에 올라 고향 마을을 내려다보고 있습니다. 이제는 마을도 집도 다 사라졌지만 저녁 노을에 물든 마음속 먼 고향은 아직도 포근함으로 다가옵니다.

03

과도한 수신은 사양

수신제가(修身齊家)
성의정심(誠意正心)

자신의 몸과 마음을 먼저 닦아야 하며
모든 일을 함에 있어 자신을 속이지 않고
정성을 다한다

– 대학 8조목

修 닦을 수, 身 몸 신, 齊 가지런할 제, 家 집 가
誠 정성 성, 意 뜻 의, 正 바를 정, 心 마음 심

다산의 목민심서 제2장 율기편 '제가'조항에 보면 제가치읍(齊家治邑)이라 하여 '고을을 다스리는 자는 먼저 자신의 몸가짐을 바르게 한 후에야 고을을 다스릴 수 있다'고 강조하고 있습니다. '공직자가 발령받아 임지로 갈 때 가족이 호사한 분위기에 휩쓸릴 것을 걱정하여 가급적 동행하지 말고 주변에 불필요한 사람을 두지 말며 의복이 사치스러우면 많은 사람이 손가락질하니 차림새는 요란하지 않아야 하며 평소 검소해야만이 청탁이 없고 뇌물도 들어오지 않으니 비로소 집안을 잘 다스릴 수 있다'라고 구체적으로 제시하고 있습니다.

수신제가 치국평천하(修身齊家治國平天下)라는 말을 모르는 사람은 없을 것입니다. 여기서 가장 중요한 핵심 단어는 자신을 다스리는 수신(修身)으로서 제가(齊家)나 치국(治國)이 선과 후가 있는 것이 아니라 수신(修身) 그 자체가 제가(齊家)이고 치국(治國)이며 평천하(平天下)라고 여러 문헌에서 이야기하고 있습니다.

매일같이 과도한 음주로 인해 직장 일에 소홀하고 틈만 나면 친구들과 도박을 하는 등 성실치 못한 행동으로 인해 한직으로 밀려나고 결국 중도 퇴직한 사례를 보았습니다. 배우자가 자기보다 학력이 낮다며 허구한 날 무시하고 구박하던 직원은 결국 외도를 하고 가족들에게 폭력을 행사하고 직장에서도 업무 태만으로 가정과 조직에서 배제되어 힘든 생활을 하고 있다는 안타까운 소식도 들려 옵니다.

저 역시 과도한 수신(?)으로 인하여 일주일에 사흘 이상 사무실에서 생활하는 워커 홀릭의 가장으로 아이들이 언제 걷기 시작했는지, 언제 자전거를 타게 되었는지조차 기억하지 못하는 빵점짜리 가장이었습니다. 어느 날 아들의 성적표를 보고 옆집 아들 친구와 비교하며 매를 들었는데 매 맞던 아들이 "나도 우리 아빠를 옆집 친구 아빠와 비교할 줄 알아요.."라면서 반발하는 모습을 떠올리면 지금도 얼굴이 화끈거립니다. 남보다 더 치밀하고 꼼꼼한 성격으로 힘든 업무와 개인 발전을 위해 노심초사하는 것을 아내나 자식들이 알고는 있지만 가정에 소홀했던 당시 제 모습이 가족들에게는 불성실한 가장으로 비추어졌을지도 모르겠습니다. 그로부터 수십 년이 흘러서 가정보다 직장에 너무 몰입해 있었던 때를 생각하면서 가족에게 미안함을 갖고 있다는 것을 이제야 밝힙니다.

수신제가 성의정심(修身齊家 誠意正心)

공직자의 수신(修身)과 정성(精誠)은 시민에 대한 도리이며 자신은 물론 가정과 조직, 나아가 국가를 지탱하는 근본임을 절대로 잊지 말아야 할 것입니다.

04

그립고 설레는 귀향의 행복열차

두미관유(斗米官遊)

재가빈호(在家貧好)

얼마 안되는 봉급을 받으려고 관리가 되어 고향을 떠났다가 다시 고향으로 돌아오게 되면 가난해도 마음은 편하다

― 도연명

斗 말 두, 米 쌀 미, 官 버슬 권, 遊 놀 유

在 있을 재, 家 집 가, 貧 가난 빈, 好 좋을 호

제 고향 반곡(盤谷)은 마을 뒤에 계룡산 줄기 괴화산이 품고 마을 앞에 흐르는 금강과 삼성천이 들판을 감싸 안은 반봉포란형(班鳳抱卵形)의 명당으로 지형이 둥근 소반 같다 하여 반곡이라 불렸으며 잿께뜸, 뒷메뜸, 아랫말뜸, 가운뎃말뜸, 웃말뜸, 골말뜸, 안산뜸의 7개 뜸이 있었으며 여수배, 뒷재, 와우령 고개와 수루배, 번제, 장승배기, 오전마루, 큰개의 들판에서 온갖 먹거리를 수확하면서 여양 진씨와 경주 김씨, 의성 김씨 등 170여 호가 대대손손 이웃 간에 오순도순 정을 나누며 풍요롭게 살아왔습니다. 이런 유서 깊은 동네가 사라졌다는 생각에 너무도 아쉬워 제가 '반곡 8경'을 찾아 내어 소개하고 있습니다.

◆ 제1경 : 괴화산(槐花山) 정상 석축유구

해발 201미터의 괴화산은 어릴 때부터 수도 없이 오르내리는 야트막한 야산으로 당시 정상에는 아무것도 없었지만 세종시가 생겨나면서 관계기관에서 문화유적을 조사하는 과정에서 석축유구가 있는 것을 확인하고 발굴하였으며 이 석축유구는 고려 중기와 조선 전기에 걸쳐 존재했던 제의 또는 망대로 추정된다고 합니다.

◆ 제2경 : 집현바위

이 바위는 괴화산 정상 동남쪽에 위치해 있으며 집현동(세종시 출범 전 석교리, 봉기리, 황룡리 마을이 있었던 곳)과 대전으로 가는 대로를 굽어 볼 수 있는 아름다운 바위로 많은 시인 묵객들이 바위에 올라 시를 짓고 풍류를 즐겼을 거라 추정하는 마모된 글도 새겨 있으며 그동안 이름이 없는 무명바위였으나 '집현바위'라 명명하였으며 인근 주민이 자주 찾는 명소입니다.

◆ 제3경 : 뒷재 고개

반곡리 서쪽에 있는 고개로 이웃 동네인 석삼리(현 소담동)나 용포리를 가거나 금호중학교를 다니는 학생들이 이용하는 고개로 고갯마루에서 다섯 갈래 길이 있었는데 뒷메로 내려가는 길, 괴화산 정상으로 올라가는 길, 와우령 고개를 넘기 위해 내려가는 길, 사냥골 밭이나 아랫뜰 밭으로 가는 길, 돈적골 논밭이나 방아를 찧으러 강 건너 양화리로 가는 길로 지금도 그 흔적이 남아 있습니다.

◆ 제4경 : 여수배 고개

'여수배 고개'는 현재 '솔빛 숲 유치원'이 있는 동쪽에 위치해 있으며 이 고개를 넘어 석교리, 봉기리, 황룡리를 왕래하였고 지금은 사라진 금석초등학교를 가려면 이 고개를 넘어야 했으며 학교 앞 500m쯤에 외나무 다리가 놓여 있는 삼성천을 건너면 수많은 사연을 안고 잠들어 있는 공동묘지가 있었지만 어린 학생들에게 그리 무서움을 주지 않았던 양지바른 곳이었습니다.

◆ 제5경 : 반곡정

2016년 3월에 건립된 반곡정은 세종국책연구단지 앞 깁가람 수변공원에 위치해 있으며 행복청과 뜻있는 유지들이 사라지는 반곡리를 추억하기 위해 건립하였으며 정자에 올라 금강과 전월산, 정부세종청사를 바라보면서 석양에 빨갛게 물들어 가는 저녁 노을을 보면 누구나 시 한 수 정도는 읊을 수 있는 아름다운 정자입니다.

◆ 제6경 : 반곡리 유적비

반곡리가 역사의 뒤안길로 사라져 가는 안타까움을 달래기 위해 LH와 세종시 등의 협조를 얻어 옛 반곡리 동네 소공원에 반곡리 역사와 문화, 경제, 인물 등을 소개한 '반곡리 유적비'를 건립하게 되었습니다. 저는 이 유적비를 세우면서 "4백여 년간 면면이 이어져 오던 고향 반곡리가 신도시 건설과 함께 잠시 사라져서 안타까움을 달랠 길 없었지만 고향을 끔직이 사랑하고 추억하는 분들의 노력으로 '반곡리 유적비'와 함께 고향이 우리 곁으로 다시 찾아왔습니다"라는 소회를 담아 글을 올린 적이 있습니다.

◆ 제7경 : 화곡정

괴화산은 예로부터 영산이라 불리며 신성시 해 왔으며 이 산을 둘러싸고 있는 부락에서는 각자 산제당을 지어놓고 매년 시월 상달에 제를 지냈는데 세종시 태동을 앞두고 주민들이 뿔뿔이 흩어지는 바람에 이 풍습이 사라졌고 산제당도 낡아서 흉물스럽게 있던 것을 LH와 시청의 도움을 받아 그 자리에 아담한 8각정을 짓고 매년 산신제를 올리고 있습니다.

화곡정 옆에는 모양이 冠(갓 관)을 닮았다는 관모암이 있는데 이곳에 기원을 드리면 반드시 소원을 들어 준다는 영험한 바위로 알려져 있습니다.

◆ 제8경 : 태양십이경(太陽十二景)

반곡동 수루배 마을 3단지 앞 수변공원에 세워져 있는 이 시비는 반곡리 출신 문인 진세현 선생이 지은 아름다운 시를 새긴 '비'로 '태양'은 반곡리를 말하며 12경은 반곡리를 중심으로 한 금강 중상류 주변을 배경으로 삼아, 여기에 각각의 특징적인 자연 및 인문 경관을 결합하여 아름다운 시로 묘사하고 있습니다.

두미관유 재가빈호(斗米官遊 在家貧好)

객지에서 얼마 안되는 봉급을 받으며 어려운 공직의 고비고비를 잘 헤쳐 나가도록 힘을 준 것은 늘 고향을 생각하고 그리워 하면서 고향의 기운을 받았기 때문이라고 생각합니다.

05

무한대의 세계
부모님의 자식 사랑

지독지애(舐犢之愛)
절발역주(截髮易酒)

어미 소가 송아지를 핥아 주는 숭고한 사랑과
가난한 집에 자식의 친구가 찾아오니 머리카락을
팔아 밥과 술을 대접하였다

— 후한서 '열전', 진서 '도간전'

舐 핥을 지, 犢 송아지 독, 之 갈 지, 愛 사랑 애
截 끊을 절, 髮 터럭 발, 易 바꿀 역, 酒 술 주

제 부모님은 옆 동네에서 중매로 만나 4남 1녀를 두셨습니다. 아버지는 제대로 물려받은 변변한 밭뙈기 없이 힘들게 사시면서 8식구를 굶기지 않으려 인근 초등학교에서 온갖 궂은일을 하는 '학교 아저씨' 직함을 달고 근무하셨습니다. 배움이 부족하셨지만 인물이나 언변, 힘에 있어서는 그 누구한테도 지지 않는 멋쟁이셨으며 패기와 열정이 넘쳐나시고 특히 노랫가락이나 창부타령 등 창을 정말 잘하셔서 인근에 인기가 정말 많은 분이셨습니다. 묘비석에 새긴 글처럼 '올곧게 사셨던 분'이셨습니다.

아버지는 다 쓰러져 가는 초가집을 벗어나고자 적은 봉급을 모으셔서 집터를 마련하셨고 저와 동생이 목수 아저씨를 도와서 손발이 부르트는 고생 끝에 드디어 멋진 기와집을 짓게 되었습니다. 그때의 성취감이란 이루 말할 수 없었습니다. 아버지는 땅 한 마지기라도 더 갖고 싶은 마음에 위토답 밑에 있는 땅을 사고 싶어 하셔서 제가 토지 소유주를 찾아서 수차례 만남을 가진 후 땅을 사고 위토답과 그 논을 합쳐서 옥토로 만드셨습니다. 이 땅이 나중에 세종시가 태동하면서 부모님의 든든한 노후 자금이 되었지만 결국 얼마 쓰지도 못하시고 돌아가셨습니다.

아버지는 제가 총경 승진을 하고 고향 경찰서장을 하는 것을 기다리고 기다리다 결국은 보지 못하고 돌아가셨지만 운명하시기 며칠 전부터는 문병 오시는 분들에게 "우리 정환이 총경 승진했다"는 자랑을 하셨다는 말을 들었습니다. 제가 조금 더 일찍 승진을 하지 못한 것이 못내 죄송한 마음입니다. 돌아가시기 전날 밤새 아버지 손을 잡고 그동안 못다 한 이야기를 아버지 귀에 대고 하염없이 하고 또 한 것이 아버지와 마지막이었습니다.

어머니는 집안일과 농사일을 하시면서도 남달리 경제관이 있으셔서 조그마한 밭에서 깻잎을 재배해서 장아찌를 만들어 대전에 가서 파시기도 하셨습니다. 어머니가 아랫집 아주머님과 깻잎을 다 파시고 오시는 날 밤, 마중을 나가서 첫 물음은 "엄마 오늘 얼마 벌었어?"가 제가 엄마를 걱정하는 이야기였습니다. 어머니와는 형제들과 공유하지 않는 내밀한 이야기도 많이 나누었습니다. 제가 승진을 하는 과정에는 365일 단 하루도 빠지지 않고 매일 새벽 장독대에 정한수를 떠놓고 치성을 드리셨습니다. 심지어 무속인이 운영하는 기도원에 가셔서 며칠을 묵으시면서 치성을 올리셨다고도 합니다.

제가 어머니를 위해 한 일은 한 번도 속을 썩이지 않았다는 것일 겁니다. 서울에서 동생과 자취를 할 때 오랜만에 오신 어머니는 단칸방 부엌에서 빨래를 하시다가 연탄가스에 중독이 되셨고 저는 연탄가스 중독인 줄도 모르고 손을 깨물어 피를 내어 어머니 입에 넣어 드린 적이 있었습니다. 지금도 그 흉터를 보면서 미련하였지만 스스로 대견한 효자였던 같습니다. EBS 장수비결 '내 아내는 태권소녀'라는 이름으로 방영될 정도로 총기가 대단하시고 사리분별이 확실하셨던 어머니는 98세를 일기로 67년간을 알콩 달콩 사셨던 낭군님을 만나러 떠나셨습니다.

부모님이 또 계십니다. 가진 것 없는 순경 사위를 늘 미더워 하시면서 한 번도 속내를 보여주시지 않으시고 애 둘과 씨름하는 둘째 딸네 집에 날마다 오셔서 도와주시던 백합 같은 장모님, 당신께서 돌봐주신 손주 둘 다 경찰관이 되어 잘 근무하고 있습니다. 오무돈 여사님, 너무도 그립습니다. 사위가 부상으로 받은 경찰시계를 늘 자랑스럽게 차고 다니시면서 묵묵히 큰 힘이 되어주시던 장인어른, 당신께서 복꿈을 꾸어주신 금테 모자 덕으로 사위가 경찰서장까지 하였습니다. 이형배 선생님, 진심으로 감사드립니다.

지독지애 절발역주(舐犢之愛 截髮易酒)
· ·

엄마와 이별 할 때

그냥,
"엄마 잘 가세요. 아버지 만나 더 잘 사세요"
라고만 인사하세요.
"엄마 그동안 고마웠습니다"
라는 인사는 절대 하지 마세요.
갑자기 시야가 너무 흐려져서
운전이 어려울 수도 있습니다.

〈뱃놀이 노래〉

아리랑 춘자야 배 띄워라

배 아저씨 배 타고 뱃놀이 간다

뱃놀이를 가면 어디로 가나

물 맑고 경치 좋은 산으로 가자

우리 집 시어머니 염치도 좋아

저 잘난 거 낳아 놓고 날 데려왔네

날 데려 왔거들랑 볶지나 말지

요리 볶고 조리 볶고 콩 볶듯 하네

〈꽃 꺾는 노래〉

그 꽃 꺾어 머리에 꽂고

뒷동산에 올라가면

오는 행인 가는 행인

날더러 보고 길 못 가네

그 꽃이야 곱다만은

가지가 높아서 못 꺾것네

꽃이야 꺾든 못 꺾든

이름이나 짓고 가지

〈장구 열채〉

뒷동산 싸리나무
장구 열채로 다 나간다
장구 열채 팔자가 좋아
기생의 손끝이 놀고 있네

– '반곡리 민속지'에 실린 어머니의 노래

06

조상님이 계셨기에
내가 있지요

추원보본(追遠報本)

보본반시(報本反始)

자신을 있게 한 조상에게 공경과 감사를 드리고
그 덕을 추모하며 늘 근본을 잊지 말라

−논어 '학이 편', '예기'

追 쫓을 추, 遠 멀 원, 報 갚을 보, 本 근본 본

反 돌이킬 반, 始 처음 시

집안에 사위나 며느릿감이 처음 인사를 오면 대부분 아버지의 첫 질문은 '성은 무엇이고 본관은 어디인가?'라는 질문을 하게 되고 옆에 앉아 있는 아내에게 눈총을 받기도 합니다. 조상이 없는 나는 존재할 수 없습니다. 그 분들이 계셨고 그 분들이 면면히 이어져 내려오시면서 우월한 유전자를 내게 주셔서 내가 이렇게 건강하게 살고 있고 나 또한 조상이 되어 가고 있습니다.

저는 어릴 때부터 특히 조상과 종친, 그리고 집안에 대한 관심이 유달리 많았습니다. 틈만 나면 동네 원근에 모셔져 있는 13대조부터 조부모님 산소까지 발품을 팔아 성묘를 하곤 했습니다. 10월 상달에 모시는 세일사는 거의 빠지지 않고 참례하고 있습니다.

교장 선생님을 역임한 집안 아저씨는 저의 이러한 정성을 높이 사 주시면서 "정환이가 순경에서 오늘날 고향에서 경찰서장까지 한 것은 조상을 잘 모신 덕분"이라는 칭찬에 겸연쩍어 하기도 합니다.

웬만한 집에는 족보가 있습니다. 족보란 한 가문의 계통과 혈연관계를 부계중심으로 기록한 역사책이라 할 수 있습니다. 족보는 또 종친간 내부 결속력과 대외 과시용으로 농사만 짓던 조상님의 은혜를 생각하면서 '추증'이라는 명목으로 정승도 시켜드리고 판서도 시켜드리는 등 각색이 곁들인 기록이지만 자신의 뿌리를 확인할 수 있는 중요한 자료인 것만은 분명합니다. 저는 자라나는 아이들에게 조상을 알리고 미흡하지만 인성교육 자료로 활용하기 위해 무겁고 두껍고 한자 위주인 족보를 꺼내어 쉽게 이해할 수 있도록 정리한 50페이지 가량 한글판을 만들어 종원들에게 나누어 주어 큰 호응을 얻었습니다. 그 서문을 소개합니다.

나의 뿌리를 찾는 뜻은

살아가면서 지금 '나'를 존재하게 하는 근원, 즉 '나의 뿌리는 어디서 비롯되었을까?' 하는 궁금증을 가져본 적이 있으신가요? 타인과 만나 '무슨 성씨냐? 어디 파냐?'라는 질문을 받고 갑자기 생각이 나지 않아 얼굴을 붉혀 보신 적이 있으신가요? 혹자는 고리타분하게 족보를 들먹이고 시대에 맞지 않게 가문을 따진다고 이야기하실 분도 있을 겁니다.

하지만 인정이 메마르고 각박해져 가는 요즘 세상에 조상의 존재 의미를 자식들에게 알려주면서 오늘날 나를 있게 한 내 조상은 분명히 이 세상을 살다 가셨고 그분들을 생각하면서 잠시나마 그 은혜에 감사하는 마음을 가져보도록 하는 것도 부모의 의무이자 올바른 인성 교육의 첫걸음이 아닐까요?

자식이 초등학교 3학년 2학기가 되면 '나의 조상은 누구인가?' 라는 숙제를 안고 집에 오게 됩니다. 대부분의 신세대 부모들은 바쁜 생활에 쫓겨 차분히 족보를 들여다 볼 여유가 없을 뿐 아니라 한눈에 보기도 어렵게 되어 있는 족보의 편집 구조상 자식의 숙제이자 자신의 뿌리를 정확히 알지 못하고 그저 몇 가지 들은 이야기를 토대로 그때 그때를 모면하면서 살아가는 것이 요즈음 세태라고 해도 과언이 아닐 것입니다.

이로 말미암아 엄연한 자기의 직계 조상임에도 다른 성씨의 조상으로 알고 있고 다른 종중 조상임에도 자기네 선조로 잘못 이해하는 죄스러운 일이 일어나고 있습니다. 그뿐 아니라 내 조상을 찾는다면서 인터넷에 질문을 올리고 엉터리 답변을 진실로 알고 살아가는 등 조상을 욕되게 하는 안타까운 일이 다반사로 일어나고 있다는 이야기를 들은 적이 있습니다.

이에 제가 2001년에 만들어 배부한 '반곡 경주김씨 뿌리를 찾아서' 자료집이 종친님들로부터 좋은 평을 들어 족보를 통한 자녀 교육에 자심감을 갖게 되었고 2015년에 우리 종회에서 편찬한 방대하고 난해한 '경주김씨 감사공파 세보' 발간을 계기로 어떻게 하면 이 많은 내용을 요약해서 자녀에게 전달할 수 있을까 방안을 궁리한 끝에 이 자료를 발간하게 되었습니다. 이 자료가 자녀에게 조상의 은혜에 감사함을 알게 하고 조상을 늘 생각하면서 어린이들이 바르게 성장하는데 조금이나마 도움이 되기를 바랍니다.

2018년 8월 10일 김정환

추원보본 보본반시(追遠報本 報本反始)

　매년 가을 조상님을 모시는 세일사에서 유세차(維歲次)로 시작되는 고정 '축관'을 하면서 늘 조상의 은혜에 감사하는 마음을 갖고 있습니다. 저도 조상이 될 테니까요.

07

귀신아 니 모습 보여봐
나 경찰이거든

질저귀신(質諸鬼神)
벽사진경(辟邪進慶)

*의심나는 것을 귀신에게 묻는 불합리한 행동보다는
미신의 유혹에서 벗어나 합리적인 방향으로
나아가야 한다*

– 삼국유사 '처용랑과 망해사'

質 바탕 질, 諸 모든 저, 鬼 귀신 귀, 神 신 신
辟 임금 벽, 邪 간사 사, 進 나아갈 진, 慶 경사 경

미신이나 전설은 현실에서 이해하기 어려운 현상이나 자연의 이치를 설명하는 한 방법으로 인간 사회에서 긍정과 부정의 양면을 가지고 오랫동안 존재해 왔습니다. 실험이나 연구에 의해 이론적으로 정립된 과학기술의 발달에도 불구하고 여전히 믿음과 전통에 기반한 미신이 아직도 우리 생활 곳곳에 많이 남아 있습니다.

우리 동네 산신제 이야기입니다. 산신제는 산악숭배의 표현으로 민속 문화와 종교적 전통을 담고 있는 특별한 행사로 고대사회에서부터 명산과 산악지대 마을에서 주로 행하여졌으며 그 지역의 특색과 다양성을 경험할 수 있는 행사로 자리 잡아 왔습니다. 세종시 여러 마을에서도 아주 오래전부터 주변의 주산에 산제당을 지어놓고 매년 가을 상달에 정기적으로 마을 공동체의 안녕과 풍요를 기원하는 산신제를 지내 오고 있었습니다.

세종시의 3산 중 하나인 괴화산은 그 옛날 이 산에 살던 산짐승이 밤중에 산 정상에 진을 치고 있던 왜군의 화살 줄을 다 끊어 놓아서 우리가 전쟁에서 이겼다는 전설을 품고 있는 산입니다. 또 이 산 어느 기슭에 멍석만 한 금덩이가 묻혀 있어 주인을 기다리고 있다는 즐거운 희망을 주는 이야기도 있습니다. 이런 고마움을 담아 이 산을 둘러싸고 있는 4개 부락인 반곡리, 석삼리, 석교리, 장재리에서는 마을별로 각기 사제당을 짓고 해마다 시월 상달에 산신제를 지내 오고 있었으며 이 정성에 감읍한 산신의 보살핌으로 70년대 월남전에 파병된 이 4개 부락 군인 중 단 한 사람도 부상자가 없었다는 이야기가 유명한 일화로 전해오고 있습니다.

　이렇게 유서 깊은 산을 위한 제사를 수백 년 지내 오다가 세종시가 생겨나는 과정에서 사라졌던 산신제를 2021년부터 부활시켜서 매년 양력 10월 첫째 주 토요일에 간단한 다과를 놓고 선주민과 인근에 입주한 시민들과 함께 모여 제를 지내 오고 있습니다.

　세종에는 또 3산 중 하나인 전월산이 있는데 달밤에 산 정상에서 동쪽을 내려다보면 강에 비친 달이 돌고 있는 것 같다고 하여 전월산이라 이름이 붙여졌습니다. 고려 충신 임난수 장군이 망해버린 나라를 그리워하며 앉아 있었다는 상려암과 못된 시아버지 몰래 도승에게 쌀을 시주한 며느리가 '집에 변고가 생기더라도 뒤를 돌아보지 말라'는 도승의 충고를 잊고 뒤를 돌아보다 바위가 되었다는 며느리 바위 등 수 많은 전설을 간직한 세종의 명산입니다.

　이 산 정상에는 1미터 80센티 정도 깊이의 용샘이 있고 샘 옆에 버드나무가 자라고 있는데 금강에서 자란 이무기가 용샘까지 굴을 뚫고 올라와 백년을 기도하면 승천할 기회를 얻는데 이때 여자를 보아서는 안 된다는 옥황상제의 명을 어기고 앞 동네 여자를 쳐다보는 바람에 다시 용샘으로 떨어져 버드나무가 되었다는 이야기가 전해 내려오고 있습니다.

　이 버드나무 가지가 강 건너 동네쪽으로 뻗으면 그 동네 여자들

에게 좋지 않은 일이 생긴다는 이야기를 신봉한 그 동네 20대 초
반의 청년들 대여섯 명이 전월산에 올라가 그 가지를 자른 후 내려
오다 전월산 밑에 사는 동네 주민들하고 치열한 전투(?)를 치른 후
간신히 살아서 금강을 건너오게 됩니다. 당시 이 청년들은 자신들
이 문제의 버드나무 가지를 자른 후 무사히 돌아왔다는 무용담을
이야기하면서 돌아다녔습니다. 다음 날 학교에 갔더니 그 동네 사
는 옆 짝꿍이 하는 말이 "어제 오후 강 건너 마을 청년들이 강을 건
너 자기 동네에 무단 침입했는데 동네 사람들이 모두 나와서 엄청
혼을 냈고 이들은 줄행랑을 치면서 나룻배와 노를 망가뜨려 놓았
다"고 이야기를 합니다. 며칠 후 배 임자가 나룻배 수리비와 배 젓
는 '노'가 망가졌다며 배상을 받으러 우리 동네에 왔었다는 이야기
를 들었습니다.

　다산 정약용 선생의 목민심서 중 부임 6조 '계행'편에 보면 해유
귀괴 이고구기 의병물구 이진선동지속(廨有鬼怪 吏告拘忌 宜竝勿拘
以鎭煽動之俗)이라는 말이 나옵니다. '첫 수령으로 부임 시 청사에
귀신과 요괴가 있다고 하면서 아전이 기피할 것을 말하여도, 조금
도 구애받지 말고 선동하는 습속을 진정시키도록 해야 한다'라는 뜻
입니다. 다산은 19세 때 예천 군수인 아버지를 따라 들른 반학정(伴
鶴亭)이라는 정자에 귀신이 있어서 아무도 얼씬거리지 않는다는 이
야기를 듣고 "귀신이란 오직 사람만이 불러들이는 바로 참으로 자
기 마음에 귀신이 없다면 귀신이 어떻게 스스로 올 수 있겠는가?"라
며 아버지의 허락을 받아 청소하고 수리해서 거처하였다고 합니다.

매일 새벽 다섯시에 오르는 세종의 주산인 원수산 산행길 중턱에 다달았을때 갑자기 쉬~익 하는 큰 소리와 나뭇가지가 부러지는 소리가 들립니다. 잠시 공포감이 엄습하면서 머리끝이 쭈빗 했지만 '내가 이 지역의 경찰서장인데 무엇이 감히 나를 넘볼 수 있으랴'라는 강단으로 잠시 서 있자 다시 쉬~익 소리가 나면서 조용해 집니다. 귀신이 아닌 멧돼지였습니다.

어느 부서장은 부임과 동시에 좌향을 잘 보는 사람을 대동하고 책상 위치며 침실 배치며 심지어 부속실 직원의 사주까지 보고 발령을 냈다는 이야기를 들은 적이 있습니다. 참 모를 일입니다.

질저귀신 벽사진경(質諸鬼神 辟邪進慶)

미신은 불합리한 행동과 갈등을 유발하는 등 해악을 일으킬 수 있으므로 비록 긍정적인 측면이 있다 하더라도 합리적인 사고에 따라 생활하는 것이 중요하다 할 것입니다.

- 경찰 김정환의 유쾌하고 솔직한 청렴이야기 -

목민경찰

39+

Part 2

꿈을 안고 서울로

08

검소해도 부자 안됩니다

검이불루(儉而不陋)
화이불치(華而不侈)

검소하되 누추하지 않고 화려하지만 사치스럽지 않
아야 한다

– 삼국사기 '백제 본기'

儉 검소할 검, 而 말 이을 이, 不 아니 불, 陋 좁을 루

華 꽃 화, 而 말 이을 이, 不 아니 불, 侈 사치할 치

부여와 공주에 있는 백제 궁궐들을 평한 문구로 백제의 시조 온조왕 15년 정월에 궁궐을 새로 지었는데 이를 일컬어 '십오년(十五年) 춘정월(春正月) 작신궁실(作新宮室) 검이불루(儉而不陋) 화이불치(華而不侈)'라고 하였습니다. 유홍준 교수님의『나의 문화유산 답사기』에 인용되면서 알려졌습니다. 다산의 목민심서 부임 편에도 '치장불신(治粧不新)'이라 하여 목민관의 부임 길 행장은 옛것을 그대로 쓰고 새로 장만하지 말아야 하며 율기 편에는 '절공여사(節公如私)'라 하여 공직자는 공물을 자기 것처럼 아껴 써야 한다고 강조하고 있습니다.

쑥스럽지만 검소한 생활을 하려고 했던 제 이야기입니다. 초등학교 때부터 길에 지푸라기가 떨어져 있으면 반드시 주워서 집으로 가지고 왔습니다. 명절이나 특별한 때 친척이 주신 몇십 원씩을 조금씩 모아서 중학교 졸업할 때 구백 원을 만들어 저축상을 받은 기억도 있습니다. 형들이 입던 빛바랜 낡은 교복과 누나가 신었던 운동화를 3년 내내 신고 다니기도 하였습니다. 스물다섯 살 되던 해, 바나나 맛이 너무 궁금해 경찰학교 교육 중 외박 나와 처음으로 바나나를 사먹을 정도였습니다. 평생 제 손으로 옷을 사 본 기억이 없는 저는 지금도 아내가 사주는 옷을 입으면서 계절이 바뀌면 옷을 사야 하고 왜 유행을 따라야 하는지 아직도 이해난감입니다. 좋은 옷을 입었다고 누가 우러러 보는 것도 아니고 값싼 옷을 입었다고 누가 업신여기는 것도 아닌데 말입니다. 모든 것은 자기 마음먹기에 달려 있다고 생각합니다. 아들이 직업 군인으로 전방 근무하며 장기간 타던 차를 물려받아 타다가 서장으로 부임하게 되자 아내는 "그래도 서장님인데 새 차를 사는 것이 어떻겠느냐"며 차 살 것을 권유하였습니다. 하지만 경제적으로도 여유가 없을 뿐 아니라 "서장이라고 새 차를 타야 하는 법이 어디 있느냐"며 정년퇴직하는 날까지 아들이 타던 차를 타고 다녔습니다. 아파트 입주할 때 관리사무소에 들러 차를 등록하는 과정에서 "또 한 대는요?"라는 직원의 물음에 "한 대밖에 없습니다"라는 말로 직원을 무안하게 하기도 했습니다.

이렇게 병적으로 절약 아닌 절약은 실천했지만 이재에 밝지 못하고 또 돈이 없어도 '안 쓰면 되지'라는 생각으로 그리 불편함을 느끼지 못하는 상황에서 재산을 불리는 것은 저와의 인연은 아닌 먼 나라 이야기였습니다. 재산변동 신고하는 날과 연말 정산하는 날은 어김없이 아내와 불편한 대화가 오고 갑니다. 왜 은행 통장은 항상 마이너스인지? 일 년 동안 받은 급여가 좀 되는 것 같은데 쓴데가 이렇게도 많은지? 오랫동안 서울에서 공직생활을 하면서 동기들은 몇 번 이사를 하면서 재산을 모으는 것을 보면서도 경기도 변두리 주공 아파트에서 25년을 살 정도로 이재에 문외한이었습니다. 운좋게 추첨으로 마련한 아파트 하나에 매월 주택담보 대출금 61만 원을 꼬박꼬박 갚으면서 살아가고 있지만 그리 불편함을 느끼지 못하고 있습니다. 그래도 연락이 오는 지인들의 애경사만큼은 한번도 거르거나 지나친 적이 없습니다. 아직 개인등기(?)를 내지 않고 있는 세종시의 3산 2수인 원수산, 전월산, 괴화산과 금강,

미호강이 제 소유이고 집근처 세종시립도서관 넓고 쾌적한 로비가 제 개인 사무실(?)인데 무엇을 더 부러워하겠습니까?

　퇴직 무렵 같이 근무하던 과장님이 "서장님! 퇴직하시면 골프도 치시고 여유도 좀 누리셔야 합니다. 그래야 그동안 고생한 보람이 있지 않겠습니까?"라며 골프를 가르쳐 주겠다고 강권하여 딱 3일 골프채 잡는 법을 배운 후 제 과가 아닌 것을 확인하고 곧바로 하산하였습니다.

　어린 시절 학교 갔다 오면 날마다 집 안팎 '씨서리'(비로 쓸어 깨끗하게 하는 일)에 돼지우리 치우기, 변소 청소, 부엌 두멍(물을 길어 담아 놓고 쓰는 큰 독)에 물을 가득 채우고 토끼와 닭을 키워 엄마와 아버지에게 칭찬받는 것이 마냥 행복했었습니다. 아버지로부터 "우리 정환이가 집에 있으면 내가 밖에 있어도 안심되고 든든해"라는 말을 들을 때마다 내 자존감은 높아졌습니다. 점심은 시원한 수돗물로 대충 때우던 동사무소 사환 시절, 라면 2개를 한꺼번에 끓여서 먹고 호떡 두 개를 겹쳐서 먹는 게 소원이었으며 교련복 한 벌로 3년을 버티면서도 가난은 힘들지만 결코 부끄러운 것이 아니라는 평범한 진리를 어린 나이에도 터득하며 살았습니다. 한번은 동사무소 창고가 너무 지저분해 그나마 한 달에 한 번 쉬는 일요일에 하루 종일 창고에 들어가서 반질반질하게 청소한 것을 보신 동장님이 직원조회시 큰 칭찬과 함께 밀가루 한 포대를 주셔서 누나와 다락방 생활에서 한 달 식대를 절약한 적도 있습니다.

검이불루 화이불치(儉而不陋 華而不侈)

　　호화롭고 사치스럽게 사는 사람은 돈이 많아도 항상 부족할 것입니다. 열심히 일해서 번 돈을 가치 있게 쓰고 근검절약하는 검소한 생활이 멋지고 풍요로운 삶을 사는 사람이 아닐까 생각됩니다.

09

승진,
생각만 하여도 가슴이 울렁울렁

불요불굴(不搖不屈)
유종지미(有終之美)

성공을 위해서는 한번 먹은 마음이 흔들리거나
굽힘이 없이 시종일관 집중하고 노력해야 한다

— 한서, 공자집요

不 아니 불, 搖 흔들릴 요, 屈 굽을 굴
有 있을 유, 終 끝날 종, 之 갈 지, 美 아름다울 미

1999년 경감 승진시험에 순경 출신으로서 유일하게 합격하여 쓴 수기를 소개합니다.

도전하지 않는 자는 미래가 없다

어느 벤처사업가가 TV에 나와서 성공담을 이야기하는 중에 나온 이야기입니다. 삶을 살다 보면 여러 가지 도전을 시도하게 되고 여기서 성공도 있고 쓰라린 좌절도 있을 수 있으나 좌절을 딛고 일어난 자만이 험난한 이 세상을 살아갈 수 있는 자격이 있다고 생각됩니다.

81년 9월 경찰에 들어와 그날 그날을 주어진 업무에 매몰된 지 어언 7년, 동기들이 하나둘 경장으로 진급하고 심지어 빠른 친구는 경사까지 승진하는 것을 보고 "나도 한번 해보자. 축하만 해주지 말고 나도 축하 한번 받아보자"라는 도전정신이 발동, 승진시험을 준비하게 되었습니다.

그 후 11년 6개월 동안 경찰청 정보과, 조사과, 감찰과, 감사과에 근무하면서 1999년 경감 승진시험에 합격할 때까지 나름대로 계획을 세워 준비한 결과 단 한 번의 실패도 없이 작은 결실을 맺게 되었으나 이는 나 혼자만의 노력으로 된 것이 아니라 주위의 도움으로 된 것임을 느낄 때 이 생활이 끝나는 날까지 그분들의 고마움을 가슴 깊이 새기고 항상 감사하는 마음으로 살 것입니다. 그러면 지금까지 승진하면서 나름대로 계획하고 실천한 것을 피력해 보겠습니다.

첫째, 원만한 인간관계를 유지하여야 한다고 생각합니다.

사무실에서의 스트레스는 주로 업무로 인한 스트레스가 주이지만 업무 외적인 스트레스도 무시할 수 없습니다. 업무는 시간이 지나면 해결되는 것이 보통이지만 잘못된 인간관계는 회복이 어렵고 심적인 부담감이 심할 뿐 아니라 특히 승진시험을 준비하는 수험생에게는 가장 무서운 적이랄 수 있습니다. 자신이 조금 손해를 보는 한이 있어도 항상 양보하고 상대방을 배려해주는 아량을 가져야만 이 심정적인 응원군이 생기는 법입니다. 사무실 내에서 손가락질을 받으면서 승진했다고 한다면 그 승진은 그리 자랑스러운 승진이랄 수 없습니다.

둘째, 주변 환경을 단순화해야 합니다.

내 생활 주변이 어지럽다면 집중력이 생기지 않는 것은 아주 당연한 이치입니다. 가급적 주변 생활을 단순화해서 오로지 승진과 업무, 단 두 가지만 생각하여야 될 것이며 심지어 결혼식, 동창회, 돌 등은 전화나 다른 방법으로 대처해도 1년 뒤에 양해를 구한다면 그리 섭섭하게 생각하지는 않을 것입니다. 단 조문은 꼭 가기를 권합니다.

셋째, 자신의 업무에 정통해야 합니다.

내게 주어진 업무는 누가 뭐라 해도 완벽하게 수행할 수 있는 능력을 갖추어야 할 것입니다. 내게 맡겨진 일을 다른 직원의 손을 빌리면서까지 승진 공부를 한다면 능률도 오르지 않을 뿐더러 손가락질만 받을 뿐 목적달성을 할 수 없을 것입니다. 저도 사실은 이 부분에서는 자신할 수 없지만 최대한 노력은 했다는 것을 밝혀둡니다.

업무가 바쁜 관계로 경감시험을 두 번이나 지나칠 적에 한 해 늦게 경위 승진한 선배가 먼저 경감시험에 합격한 것에 자극 받아 오기로 도전, 그 어렵다는 경감시험에 합격하기까지에는 건강이 아주 안 좋아지는 등 위기에 직면하였으나, 최선을 다해 노력한 결과 실패 없이 4계급을 11년 6개월 만에 거머쥐는 기쁨을 맛보게 되었습니다.

항상 자식의 건강과 합격만을 위해 치성을 드려 주시고 힘들고 지칠 때 전화 드리면 시험 못 봐도 괜찮으니 건강에만 신경 쓰라고 걱정해주신 부모님, 합격하면 신혼 여행 때 못 간 제주도에 가자는 꾐에 넘어가 숨도 제대로 쉬지 못하고 뒷바라지를 해준 아내, 3년치 월간 수사연구지를 관내 파출소에 부탁해서 하루 만에 구해서 소포로 보내주신 형님, 항상 격려를 아끼지 않으신 박화진 계장님, 이성룡 반장님, 두루두루 참 고마운 분들입니다. (중략)

불요불굴 유종지미(不搖不屈 有終之美)

성공을 하기 위해서는 한번 먹은 마음이 흔들리거나 굽힘이 없이 시작부터 끝까지 집중하고 노력해야 합니다.

10

젊은 날의 쓴맛
결국에는 달달함으로

근도여이(菫荼如飴)
고진감래(苦盡甘來)

*쓰디쓴 씀바귀도 엿처럼 달다고 느끼는 긍정의
사고와 그 쓴 고생의 끝에는 반드시 즐거움이 온다*
– 시경 '대아 편', '논어'

菫 제비꽃 근, 荼 씀바귀 도, 如 같을 여, 飴 엿 이
苦 쓸 고, 盡 다할 진, 甘 달 감, 來 올 래

제가 청소년기 힘들 때마다 읊조리던 '고진감래'에 '근도여이'를 덧붙여 보았습니다.

저는 빈농의 가정에서 4남 1녀 중 넷째로 태어나 어릴 때 '경기'가 아주 심한 병약한 아이였답니다. 한번은 심한 경기 후에 기척이 없어 죽은 줄 알고 윗목에 뉘어 놓았는데 이웃집 할머니께서 주걱으로 얼굴을 몇 차례 때려서 깨어나기도 했다고 합니다. 어릴 적에는 지극히 내성적인 성격으로 친구들과 어울려 노는 것보다는 홀로 되신 할머니의 말동무가 되어 닭이나 토끼, 돼지를 기르고 집 안팎을 청소하면서 어머니 일을 도와주는 것이 가장 큰 즐거움이었습니다. 중학교 2학년 여름방학 때 지금도 안부를 드리는 담임선생님이 동네 친구와 같이 학교 온실 당번을 한 대가로 500원을 주셨는데 그 돈을 나누느라 중학교 3년 동안 학교 앞 가게를 단 한 번 갔을 정도로 검소한 학생이기도 하였습니다.

서울에서의 고등학교 시절, 부모님의 사랑만 듬뿍 안고 상경한 서울 생활은 지금도 가끔 꿈에 보이는 정말 힘든 시기였지만 오늘날 제가 있기까지 훌륭한 자양분의 시간이었습니다. 영등포구 문래동 소재 적산 가옥, 주인집 안방 천장과 지붕 사이의 공간인 허리를 펼 수 없는 아주 좁은 다락방이라는 곳에서 전세금 20만 원으로 누나와 함께 석유 곤로 하나를 놓고 생활을 하였습니다. 입학 후 며칠이 지난 어느 날 집안에 큰 우환이 생겨 동네 어귀 알토란 같은 밭을 팔게 되었고 그로 인해 부모님으로부터 단 한 푼도 도움을 받지 못해 결국 학교를 다니지 못하는 지경에 이르렀습니다.

마침 누나가 임시직으로 근무하였던 동사무소를 그만두고 전자공장으로 직장을 옮기게 되었고 누나가 있던 자리를 들어가고자 봉천동 사시는 동사무소 사무장님 댁을 묻고 물어 찾아가서 간신히 허락받아 월 6천 원을 받는 사환으로 들어가게 되었습니다. 학교는 주간에서 야간으로 옮기게 되었습니다. 영등포 문래1동 사무소에서 옛 영등포구청까지는 약 4키로 정도로 간간이 자전거가 있는 날은 그나마 다행이지만 거의 걸어서 하루에 두 번을 오가며 서류와 많은 유인물을 나르고 온갖 궂은일과 잔심부름을 도맡아 정말 열심히 한 결과 동장님과 직원분들로부터 '우리 정환이가 정말 센스 있고 일을 잘한다'고 칭찬을 많이 해 주셨던 기억이 어제 같습니다.

하루는 동장님께서 서울대를 졸업하고 여고에서 생물 선생님을 하시다가 방위병으로 복무를 하는 분에게 '너 정환이에게 하루에 한 시간씩 영어를 가르쳐 주어라'라고 말씀하셨고 그 분으로부터 숙직실에서 '정통 핵심영어'를 배우는 호사를 누렸던 기억이 납니다. 그 방위병은 국내 최대기업 사장님까지 하시고 퇴임하신 후 지금도 왕성하게 사회활동을 하고 계시며 그분과의 인연을 지금까지 이어 오고 있습니다. 점심은 아주 가끔씩 직원들이 사주면 얻어먹고 그렇지 않으면 수돗물이 점심이었습니다. 끼니를 수돗물로 때웠던 사람들은 수돗물을 먹는 방법을 알 겁니다. 손으로 받아서 먹거나 컵에 따라서 먹는 것보다 수도꼭지에 입을 대고 먹어야 수돗

물의 제맛을 알 수 있다는 기막힌 사실을...(물론 수도꼭지는 꼭 닦았습니다)

동사무소 담당 주사님은 퇴근 약속시간인 오후 4시가 아닌 오후 5시나 되어서야 이제나 저제나 기다리던 퇴근 지시를 하십니다. 부랴부랴 영등포 문래동에서 서대문구 역촌동까지 버스를 한 번 갈아타고 거의 두 시간만에 학교에 도착하면 2교시가 거의 끝날 무렵이 됩니다. 이 때 교실에 들어갈라치면 뒷문을 여는 여는 삐그덕 소리에 모두 뒤를 돌아보게 되어 제 얼굴이 홍당무가 되는데 이 짧은 순간을 이겨내고 입실하면 1시간을 면해주는 직장학생으로서 지각은 면하게 됩니다. 하지만 이를 이겨내지 못하고 복도에 서성이다 세 시간 째 들어가면 지각으로 처리되어 강한 사랑의 매 3대가 기다리고 있던 슬픈 시간이기도 하였습니다. 당시 동사무소에서는 주민등록 등초본과 인감증명 등 각종 민원서류를 발급하는데 제법 한자를 쓸 줄 아는 저의 작은 손도 한 몫 했습니다. 어느 날 직원분이 급행료(?)로 받은 담배 한 갑을 시골 할머니 갖다 드리라고 해서 가방에 넣고 학교에 갔는데 운 없게도 그날 가방 검사에서 나온 그 담배 한 갑 이야기를 지각할 때마다 사랑의 매를 대는 담임에게 슬픈 표정으로 같은 이야기를 몇 차례 설명하고 또 설명했던 또다른 가슴 아픈 기억도 있습니다.

한번은 그 담임으로부터 '네가 육영재단의 근로장학생으로 선정되었고 아마 방학 중에 장학금 전달식이 있을 거다'는 이야기를 얼핏 듣게 되었는데 제가 사는 다락방까지 우편물이 도착하지 않아 결국 남산 드라마 센터에서 육영수 여사님이 직접 수여하는 장학금 전달식에는 참석하지 못하고 당시에 기성회비를 두 번이나 낼 수 있는 큰돈인 근로장학금 3만 원만 받았던 기억이 납니다.

근도여이 고진감래(菫茶如飴 苦盡甘來)

젊을 때 고생은 사서도 한다지만 배고픈 고생은 그리 권할 것이 못됩니다. 쓰디쓴 씀바귀도 엿처럼 달다고 느끼는 긍정의 사고와 그 쓴 고생의 끝에는 반드시 그 보상이 따른다는 것을 환갑 진갑이 지난 지금에야 만끽하고 있습니다.

목민경찰
39+

Part 3

숙명의 길
공·직·자

11

부동 자세보다는
바른 자세

흥거유절(興居有節)
부중불위(不重不威)

기거하거나 일상업무 시 항상 바른 자세와 함께 신중한 몸가짐으로 윗사람의 위엄을 보여야 한다

– 목민심서 율기 편 '칙궁'

興 일 흥, **居** 살 거, **有** 있을 유, **節** 마디 절
不 아닐 부, **重** 무거울 중, **不** 아닐 불, **威** 위엄 위

다산은 유배지인 강진에 도착하여 주막 골방에 '사의제(四宜齋)'라는 간판을 걸고 18년의 힘든 유배 기간 몸과 마음을 새롭게 다잡아 책을 읽고 글을 쓰고 제자를 기르는 인생의 소중한 시간을 보내게 됩니다. 사의(四宜)란 선비가 마땅히 갖춰야 할 4가지 사모언행(思貌言行)을 말하며 '생각은 맑고 바르게 하고 용모 복장은 단정히 하고 말은 신중히 적게 하고 행동은 반듯하고 무겁게 할 것'을 스스로 주문하고 실천하였습니다.

공직자의 용모 복장은 그 사람의 인격이라고 할 수도 있습니다. 특히 제복을 입는 공무원은 늘 단정한 복장과 바른 자세를 갖추고 시민을 대하는 것이 의무이며 출동한 경찰관의 제복이 규정에 맞지 않고 청결하지 못하면 시민의 신뢰를 얻지 못합니다. 시민들은 위험하고, 불안하고, 두렵고, 억울한 일을 당하면 가장 먼저 찾는 곳이 시민과 최접점부서인 지구대나 파출소 경찰관을 만날 수 있는 112신고입니다. 신고자는 출동한 경찰관에게 상황 설명을 하면서 경찰관의 소속과 이름, 계급을 무척 궁금해 하지만 경찰관이 입고 있는 상의는 각종 출동 장비를 장착한 조끼를 입고 있어 명찰과 계급장을 보기가 쉽지 않습니다. 물어보면 불이익이라도 당할까 주저하게 되고 나중에 다른 사람을 통해서 알게 되는 경우가 있습니다.

이에 착안하여 출동한 경찰관은 반드시 명찰이 보이도록 하고 신고 처리가 끝나면 명함을 건네도록 한 결과 112신고 만족도가 상승한 것을 바탕으로 그 관서가 성과평가 S급을 달성한 사례가 있었습니다. 물론 내부적으로 거부감이 있고 일부 신고자가 이를 악용할 우려도 있어 이를 예방하기 위해 명찰은 탈·부착식으로 활용하였습니다.

부중즉불위(不重則不威) 다산은 '군자는 무게가 없으면 위엄이 없으니 백성의 윗사람이 된 자는 몸가짐이 신중해야 한다'라며 공직자의 가벼움을 경계하였습니다.

어느 경찰서에서 경찰의 3대 사고 중 하나인 피의자 도주 사건이 발생했습니다. 죄송한 마음으로 풀이 잔뜩 죽은 담당 과장으로부터 보고를 받은 경찰서장은 아주 편안한 얼굴로 "과장님, 여기 이렇게 계시지 말고 얼른 나가서 검거하세요"라고 지시합니다. 심한 질책을 예상하고 보고하러 들어갔던 과장은 얼떨결에 "네"하고 나가려는데 "과장님! 오늘은 토요일 오후이니 바둑이나 한판 두고 퇴근하게 바둑 잘 두는 대원 좀 보내 주세요"라고 말합니다. 그 도주 피의자는 하루가 지나기 전에 검거되었습니다.

어느 고을에 용하기는 하지만 성격이 너무 느긋해서 동네 사람들의 불평을 자주 듣는 의원이 있었습니다. 어느 늦은 밤 곽난(霍亂)이 나서 데굴데굴 구르고 있는 아버지를 살리기 위해 아들이 산 넘고 고개 넘어 이 용한 의원을 찾아갑니다. "의원님, 제 아버지가 무엇을 드셨는지 지금 배가 아프시다고 데굴데굴 구르고 계십니다. 얼른 우리 집에 가주셔야겠습니다."라고 하자 자다 일어난 의원은 곰방대에 담배를 재면서 우두커니 앉아 아무런 말도 없이 일어날 생각을 하지 않습니다. 몸이 달은 아들은 "의원님 우리 아버지 죽어요, 얼른 가시자고요" 하자 그제서야 의원은 "이 사람아 내가 자네 말대로 벌떡 일어나 따라가면 자네 아버지는 죽네, 자네가 지금 얘기하는 환자 증상을 잘 듣고 거기에 맞는 침이며 약이며 처방을 가지고 가야 할 것 아닌가?"

흥거유절 부중불위(興居有節 不重不威)

공직자는 늘 자신을 돌아보며 단정한 모습과 정리된 자세로 여유를 갖고 임해야 시민들에게 더 신뢰를 얻을 것이라 생각됩니다.

12

이 자리가 꽃자리

수처작주(隨處作主)
입처개진(立處皆眞)

처한 조건과 상황은 달라도 그 환경을 지배하는 주인
공이 되어 현실을 인정하고 그 속에서 최선을 다하면
그곳이 바로 진리이다

– 임제 선자 '임제록'

隨 따를 수, 處 실 처, 作 지을 작, 主 주인 주
立 설 입, 處 살 처, 皆 다 개, 眞 참 진

오랜 경찰 생활을 하는 동안 일선 파출소에서 경찰청 본청까지 스물 하고도 다섯 군데를 옮겨 다니며 근무하였습니다. 초임 시절 '발바리'라는 별명처럼 '내가 없으면 제대로 일이 되지 않는다'라는 무모한 자신감을 가졌었습니다.

파출소 소내 연탄난로 난방비를 아끼려고 누가 시킨 일도 아닌데 관내 건축 공사장에서 나오는 폐목을 가져와 산더미처럼 쌓아 놓고 한겨울에 웃통 벗고 도끼질하다가 주민들로부터 '파출소에 돌쇠 같은 이상한 경찰관이 있다'라는 말을 들은 적이 있었습니다.

경찰서 교통계 내근 근무 시, 당시 주소체계 미비로 소재 수사에도 확인하기 어려운 수백 명의 경미한 교통법규 위반자에 대해 과감하게 내사 종결하여 당시 계장님으로부터 '김 순경의 그 무모함은 어디서 나오는가'라는 격려와 염려가 들어있는 큰 걱정(?)의 말을 들었으나 경찰서 평가에서는 당연히 항상 1위를 하였습니다.

기동대 근무 시에는 출동에 바쁜 대원들이 산보다 더 높이 쌓아 놓은 쓰레기를 어떻게 치울 것인가를 고민하다가 매주 수요일을 '쓰레기 분리수거의 날'로 정하고 이를 지키지 않은 중대는 패널티를 주는 등 강력한 조치와 함께 내근 직원들과 장화를 신고 2개월에 걸쳐 말끔히 정리한 공로 등으로 모범경찰관에 선정되기도 하여 대원과 직원들에게 지독한 과장이라는 뒷담화도 많이 들었습니다.

기동단 장비과장 근무 시 직원들과 밤을 새워 '지하철 차단막'과 '소형 방패 차'를 기획 제작케 하고 '살수차 운용요령'과 '현장 채증 요령' 등 각종 매뉴얼을 제작하여 안전한 집회 관리에도 힘썼습니다.

일선 경찰서 과장 근무 시 오토바이를 좋아하는 직원들과 동호회 형식의 '오토바이 순찰대'를 만들어 관내 빈집털이, 오토바이 날치기 사건 등이 발생하는 뒷골목을 누비기식 위력 순찰을 하여 안전한 동네 만들기에도 노력하였습니다. 학교 밖 비행 청소년 선도를 위해서 관내 태권도 관장과 사범들의 도움을 받아 '태권 폴리 순찰대'를 조직하고 학생 이동용 차량으로 비행 청소년들이 모이는 장소를 순찰하여 학교 폭력이나 졸업식 뒤풀이 등 청소년의 일탈 행위를 예방하였습니다.

부임한 경찰서마다 직원들의 공감대와 주민들의 자발적 참여를 통한 '이야기가 있는 골목길 안심 순찰대'를 만들어 매주 1~2회 야간에 침입 절도나 성폭력 사건이 발생하는 범죄 취약지역을 주민들과 함께 발품을 팔면서 순찰하는 등 주민과의 눈높이 치안 활동을 펼치기도 하였습니다. 성범죄가 끊임없이 발생하는 여대 기숙사 주변에 당시 전국 최초로 주간에 빛을 모아 야간에 발광하는 '쏠라 표지병'을 실치하여 성폭려 범죄를 획기적으로 감소시켰으며 뒷골목의 무질서를 바로잡기 위해 자전거를 이용한 '참수리 패트롤'순찰대를 만들어 호객행위나 노상 적치물, 노점상 등을 단속하기도 하였습니다. '경찰과 순찰차가 보이지 않는다'라는 주민들의 불만을 해소하는 한편 범죄예방·신고 시스템을 적극적으로 홍보하기 위해 112신고가 뜸한 주간 시간대를 이용하여 순찰차 근무자가 관내 설치된 수천 대 방범용 CCTV 비상벨을 누르면 'CCTV 통합관제센터'와 '경찰서 상황실'이 동시에 상황을 파악하고 적응하는 다각적이고 역동적인 순찰 방법인 '삼각 포인트 순찰'을 시행하여 주민들의 신뢰 제고와 함께 체감안전도를 획기적으로 높였습니다. 침입 절도 예방을 위해 지자체의 지원을 받아 '특수형광물질 도포' 등 적극적인 범죄예방 활동을 벌이기도 하였고 그 지역을 가장 잘 아시는 통장님을 주기적으로 만나 범죄 정보를 수집하면서 치안정보를 제공하는 '통문 순찰'도 하였습니다.

리더가 혼자 아무리 열심히 한다 해도 내부 직원들의 공감을 받지 못하면 그 일은 공염불에 지나지 않습니다.

주민과 조직을 위한다는 구실로 실시한 이러한 여러 시책은 후배 직원들에게는 무척 힘들기(?)도 하였을 것입니다. 이를 불식시키기 위해 최초로 '112 day'를 만들어 매년 11월 2일, 112 신고·접수 처리에 심신이 지친 치안종합상황실 직원들의 사기를 진작시키기 위해 케익과 함께하는 다과회를 열고 관서장에게 건의를 드려 유공자 표창도 하였습니다.

서열이 분명한 경찰조직에서 '연공도 벼슬이다' 라는 모토로 30년 이상 재직한 선배들에게 '장기 재직 경찰관 격려'를 건의하여

'30년 재직 배지'도 만들어 부착하도록 하여 조직에 대한 자긍심을 가질 수 있게 분위기를 만들기도 하였습니다. 정년 퇴임식을 어떻게 진행하면 조직을 떠나는 선배가 주인공이 될 수 있을까 고민하다가 서장의 직접 지휘로 후배 모두가 제2의 인생을 시작하는 퇴직 선배를 향하여 거수 경례를 하도록 하여 아주 참신하다는 극찬과 함께 각 경찰서에서 벤치마킹을 하였습니다.

이러한 노력의 결과 제가 근무하는 곳마다 '내부 만족도 1위', '치안종합성과평가최상위권인 S급' 및 '다수의 특진자'가 나오는 등 최고의 성과를 거양하였고 그 과정에 저도 '올해의 경찰관'이라는 영예와 함께 '총경 승진'의 큰 영광도 안았습니다.

수처작주 입처개진(隨處作主 立處皆眞)

공직자는 힘들고 어려운 환경을 탓하지 말고 자신이 처한 현실을 인정하고 그 안에서 정답을 찾으려 고민하고 노력한다면 그곳이 바로 진리이고 깨달음의 시작이라 생각됩니다.

13

제 고향은 경라도입니다

관부체모(官府體貌)
무재엄숙(務在嚴肅)

공직을 수행할 때는 항상 체통을 잃어서는 안 되며
늘 정리된 자세로 신중하여야 하며 곁에는 사사로운
사람이 있어서는 안 된다

— 목민심서 율기 편 '칙궁'

官 벼슬 관, 府 곳집 부, 體 몸 체, 貌 얼굴 모
務 일 무, 在 있을 새, 嚴 엄할 엄, 肅 엄숙할 숙

공직자가 자기 주변 정리를 잘해야 한다는 것은 불문가지입니다. 공무원이 인사 발령지에 부임하게 되면 관내 혈연이나 학연 등으로 맺어진 지인이나 그 기관에 적극적인 협조를 해 주는 이른바 지역 유지분들을 만나게 됩니다. 들뜬 기분으로 어깨에 힘을 주고 대하다 보면 건방지다는 이야기가 나오고 거리를 두다 보면 거만하다는 이야기를 듣게 됩니다. 이처럼 공직자의 처신은 정말 어렵습니다. 사실 그 공직자의 일부 사생활은 부임하기 전 성향, 가족관계, 평소 주량, 취미, 자주 접하는 사람, 결재 스타일 등 이미 말이 발이 되어 거의 모두가 공유를 하고 있습니다.

공직자가 부적절한 처신으로 욕을 먹은 사례는 참 많습니다. 어느 기관장은 전 근무지 부하 직원을 데리고 와서 요직에 앉혀놓은 다음 승진을 시켜서 구성원들로부터 원성을 산 경우가 있었고 어떤 사람은 학연, 지연, 혈연에 너무 집중해서 자기가 총애하는 직원에 대해 승진이나 보직을 챙겨 주면서 그와 함께 욕을 많이 먹었고, 특정 동호회하고만 어울리던 관서장은 결국 그 구성원들과의 불협화음으로 큰 어려운 일을 겪기도 하였습니다. 그러므로 공직자는 평소 사람 만날 때에도 가려서 만나야 하고 기존 지인들과의 관계도 확실히 공과 사를 분명히 하지 않으면 낭패를 보게 됩니다. 좋은사람, 나쁜 사람을 구별하는 것이 얼마나 어려운지 시대가 바뀌어도 옛날이나 지금이나 별반 차이가 없는 것 같습니다. 공자는 시기소이 관기소유 찰기소안(視其所以 觀其所由 察其所安)이라 해서 '그가 하는 언행을 보고, 그가 지나온 행적을 살피고, 그가 언제 어떤 때

만족을 느끼는지를 살펴보면 그 사람의 됨됨이를 알 수 있다'라고 말하고 있습니다. 외모와 수려한 말솜씨는 단시간에 사람을 사로잡는 힘이 있지만 그 힘은 오래가지 못합니다. 말없는 가운데 성실하게 자기 일을 묵묵히 하는 사람은 시간이 지날수록 가려졌던 그 사람만의 매력이 돋보여지면서 빛이 더 납니다.

공직자가 고위직에 오르면 주변에 많은 사람이 모이게 되며 그중에는 나한테 득이 되는 사람도 있고 해가 되는 사람도 있기 마련입니다. 단지 그 사람의 지위만 보고 이해득실을 따져 다가오는 사람이 있는가 하면 추사 김정희 선생이 유배 생활을 할 때 신의를 저버리지 않고 끝까지 보살펴 준 고마움의 표시로 '세한도'를 받은 장무상망(長毋相忘)의 주인공 이상적 같은 이도 있습니다.

우리는 위기가 닥치고 큰일을 당해서야 그 사람의 진가를 알 수 있다고 합니다.

업무에 자신이 없거나 능력이 부족한 사람은 자신의 실력을 배양하기 위해 노력하는 것보다 연고나 인연에 많은 기대를 하게 됩니다. 혈연이나 학연 지연 등 특별히 내세울 것이 없었던 저는 인사고과 평가 기간이 되면 실낱같은 인연(因緣) 아닌 인연(人緣)을 들이대면서 상사에게 어리광을 곁들여 이렇게 인사청탁(?)을 하곤 하였습니다. "과장님 이번에 승진시험을 보려고 하는데 인사고과 점수 좀 잘 주십시오. 사실은 제가 경상도입니다. 제 본관이 경주김씨잖아요...", "과장님, 사실은 제가 전라도입니다. 저희 어머니가 전주 이씨잖아요..." 웃음도 나오고 조금 슬픈 생각도 드는 이야기지만 늘 궂은일만 도맡아 하면서 실속을 차리지 못하는 저를 안타깝게 생각하셨던 과장님들이 좀 더 챙겨 주셨을 것이라 믿었던 기억이 있습니다.

세월이 흘러 조직의 참모가 되고 관서장 되어서도 옛날 올챙이 적 생각을 잊지 않았기에 무사 무탈하게 공직을 마치고 정년을 맞이한 보람을 담아 후배 경찰관이 보내 준 편지를 사례로 소개하겠습니다.

인사이동으로 떠나며 김정환 과장님께 남기는 글

저는 이분과 근무할 수 있어 행복했습니다. '변하지 않는 진리는 세상은 변화한다는 것이다.'라는 말이 있습니다. 그러나 우습게도 인간이 가진 고정관념, 편견은 변화를 거부하고 갈등과 반목을 유발하기도 합니다. 오늘 경찰서에서 동료강사로부터 '소통과 화합'을 주제로 한 강의를 들었습니다. 진정 소통과 화합이라는 두 마리 토끼를 실천하는 김정환 과장님을 소개하고 싶었으나 기회가 나지 않았습니다.

우리가 소통하지 못하는 것은 남의 이야기를 듣지 못해 일어나기도 하지만, 그것보다 우리의 고정관념이나 패러다임에 너무 몰입되어 나타나는 영향 등도 있다고 생각합니다. 즉 기존의 틀에서 벗어나 사고하는 과정이 있어야 새로운 아이디어도 도출해 낼 수 있고 다른 사람도 이해할 수 있다고 생각합니다. 이를 이해하는 분이 김정환 과장님입니다. 현장에 자신의 아이디어를 질문으로 던지고 현장 직원의 소리를 기꺼이 듣습니다. 자신이 생각했던 바와 다를 때는 현장 직원에게 다시 듣고 자기 생각을 설명하고 설득하는 분입니다. 현장 직원이 건의하면 되는 것과 안 되는 것을 명쾌하게 설명합니다.

그리고 지금 들어주지는 못하지만 차후 과제로 기억하고 검토하고 현장 직원의 아이디어와 건의를 늘 챙기는 분입니다.

사람이 기존 틀에서 벗어나기가 절대 쉽지는 않습니다. 하지만 김정환 과장님은 자신이 가진 권위를 과감히 내려놓고 현장과 대화를 마다하지 않습니다. (중략)

이태원파출소 등불4팀 경위 ○○○ 드림

관부체모 무재엄숙(官府體貌 務在嚴肅)

공직자의 자리는 늘 시민들의 주시 대상이 되므로 항상 정리된 자세로 임하여야 하며 사사로이 행동하게 되면 자신은 물론 가족과 조직, 나아가 국가에 대해서도 큰 부담을 주게 될 것입니다.

14

아무리 물어도 아프지 않아요

불치하문(不恥下問)

순막구언(詢瘼求言)

아랫사람에게 진솔하게 묻는 것을 부끄럽게 여기지
않고 항상 찾아와 호소할 수 있도록 길을 내주어서
그들의 이야기를 들어주어야 한다

— 논어 '공야장 편', 목민심서 '부임 편' 이사

不 아니 불, **恥** 부끄러울 치, **下** 아래 하, **問** 물을 문
詢 물을 순, **瘼** 병들 막, **求** 구할 구, **言** 말씀 언

불치하문(不恥下問)의 유래를 보면 공자의 제자인 자공은 본명이 공어인 공문자의 시호를 두고 "공어가 '문'이라는 글자가 앞에 들어간 최고의 시호를 받을 만한 사람입니까?"라며 당시 공문자가 자신의 딸을 정략적으로 두 번이나 결혼시킨 일 등을 두고 많은 사람이 궁금해하는 내용을 공자에게 묻자 공자는 공문자는 '민이호학 불치하문(敏而好學, 不恥下問)'했다, 즉 공문자는 영민한 사람임에도 배우기를 게을리하지 않았으며 아랫사람에게 진솔하게 묻는 것을 부끄럽게 여기지 않은 까닭에 '문'의 시호를 붙여 준 것이다"라고 답합니다. 여기서 치(恥)자는 부끄럽다는 뜻으로 귀 이(耳)에 마음 심(心)이 합쳐진 글자로 사람이 부끄러움을 느끼거나 정말 좋아하는 이성을 만나거나 거짓이 탄로 날 때 귀가 빨개지고 심장이 뛰는 것을 나타내는 글자랍니다.

사람이 모르는 문제에 부딪쳤을 때 알려고 하지 않거나 모르면서도 허세를 부리며 과장되게 아는 체하는 사람이 있습니다. 모르면 모른다고 솔직히 인정하고 배움의 자세를 갖는 게 능력 있는 사람이라고 생각합니다. 다산은 목민심서에서 '목민관은 늘 의심나는 것이 있으면 부끄러워하지 말고 물어야 하며 특히 알지도 못하면서 아는 체하다가 아전들의 못된 농간에 넘어가는 우를 범하지 말아야 한다'라고 강조하면서 감사를 지낸 한지라는 사람은 아침에 관리들이 들어오면 "내가 어제 했던 일에 무슨 허물이 없었는가?"라는 질문을 반드시 하면서 일을 꼼꼼이 처리하였다는 사례를 들어 이야기합니다.

당나라 때 사상가 한유는 사설이라는 글에서 "공자께서는 세 사람이 걸어가면 그중에 반드시 스승이 될 만한 사람이 있으며 사람은 태어나면서부터 아는 것이 아니며 나이와 신분과 관계없이 그 사람의 실력이 나를 앞선다면 그를 스승으로 따라야 하는데 자신은 성인도 아니면서 자기보다 나은 스승에게 배우기를 부끄러워한다"라고 꼬집으며 "진리가 있는 곳에 스승이 있다"라고 말합니다.

어느 관서장이 부임해 오면 각 부서에서는 긴장 속에 노심초사하면서 업무보고를 합니다. 어떤 분은 한 달 아니 두 달 내내 업무보고를 받으면서 일일이 지적하고 밖에까지 큰 소리가 들립니다. 왜 그럴까요? 소위 군기를 잡는 걸까요? 업무 보고를 무사히 마친 부서는 한숨을 돌리고 지적받고 다시 보고해야 하는 부서에서는 걱정이 앞서 올 한 해는 아주 아주 긴 1년이 될 것이라 체념의 한숨을 쉬게 됩니다. 학구열(?)에 불타는 어떤 관서장은 통상적인 업무임에도 결재하러 들어간 직원을 두세 시간씩 앉혀놓고 진을 쏙 빼주고 그로 인해 부속실에는 결재 대기자들이 웅성웅성 사랑방이 되어 있고 결국 안에 들어간 직원은 고개를 절래절래 흔들며 '오늘도 결재는 안되겠다'라고 푸념을 하는 장면도 보았습니다. 신임 전입자는 아무리 자기가 계급이 높고 많은 것을 알고 있어도 겸손하게 배우는 자세로 기존에 시행하는 업무에 자신의 철학을 접목하여 시책을 언착륙시키는 것이 순리이고 합리적이라 생각합니다.

직원들로부터 존경받았던 어느 서장님은 부임 후 자신의 집무실을 과감히 좁히고 남는 공간에는 '서장 직소 민원실'과 직원들의 중·소 회의 공간인 '열린 뜨락'을 만들어 주민들을 직접 만나 이야기를 듣고 직원들에게 소통의 장을 제공합니다. 또 단순 폭행 등 경미 사건의 경우 이중 조사의 폐단을 막기 위해 당시로선 파격적인 당직 형사를 지구대에 파견하는 '형사 파견제'를 실시하여 조사 시간을 절약하고 피의자 호송에 따른 치안 공백을 없애는 등 1석 3조의 효과를 거두었습니다. 아울러 하위권인 치안 고객 만족도를 높이기 위해 '친절, 공정, 청렴'의 영어 형용사를 압축한 'K·F·C경찰'을 실천하여 그 경찰서의 치안 성과를 최상위권으로 끌어 올렸습니다.

저도 서장 부임 시, 오전 중 모든 기능에 대해 틀에 박힌 보고를 신속히 받고 오후에는 본서 각 사무실과 지구대, 파출소를 방문하는 것으로 업무를 시작하였습니다. 기존의 틀을 깬 특이(?) 행보에 직원들이 어리둥절했을 수도 있었을 것입니다. 승진임용식에는 경직되고 근엄한 행사 대신 승진자 가족을 초청하여 그분들의 축하 말씀도 듣고 서장과 승진자는 고깔모자를 쓰고 노래도 부르고 춤도 추는 파격을 보인 결과 체감 안전도와 치안 만족도가 상승 곡선을 그리는 성과도 있었습니다. 물론 이러한 파격으로 인해 '이상한 서장(?)이 왔다'는 뒷담화도 당연히 했을 거라고 생각합니다.

목민심서 제1장 부임 편 '이사' 조항에 순막구언(詢瘼求言)이라는 내용도 나옵니다. '무언가 가로막혀 소통하지 못하게 되면 그로 인하여 억울하고 힘든 백성이 많아지니 항상 찾아와 호소할 수 있도록 길을 내주거나 그런 자리를 마련해 주어서 그들의 이야기를 들어주어야 훌륭한 수령이라고 할 수 있다' 공직자는 늘 낮은 자세와 열린 마음으로 백성들에게 어려움을 묻고 그들의 의견을 가감 없이 청취할 것을 주문합니다.

저는 참모나 기관장으로 발령받아 가면 제일 먼저 경찰서 강당에 주민들을 모셔놓고 그들이 경찰에게 원하는 범죄로부터의 불안, 교통소통 등으로 부터의 불편, 112신고 처리나 고소·고발·진정 사건 처리과정에서의 불만사항 즉 3불 해소를 위해 생생한 여론을 듣는 '쓴소리 경청 간담회'를 반드시 실시하였습니다. 잘하는 것도 많은데 조직의 아픈 부분을 헤집어 주시는 주민들이 야속하기도 한 참 힘든 시간이기도 하였습니다. 하지만 이런 과정에서 주민들의 생생한 목소리를 듣고 이를 치안 시책에 반영하여 시행하고 그 일을 홍보한 결과는 만족한 성과로 돌아오는 것을 보았습니다.

불치하문 순막구언(不恥下問　詢瘼求言)

일을 하다가 모르는 것이 있으면 겸손하게 찾아가 묻고 무언가 막혀 답답한 부분은 적극적으로 길을 내는 노력을 기울인다면 시민들은 그를 참 공직자라 한 것입니다.

15

화려한 찻잔도 컵 아래에

궁신접수(躬身接水)
불벌기장(不伐己長)

아무리 화려한 찻잔이라도 물을 받기 위해선 주전자
아래에 있어야 하듯이 자신의 장점을 내세우지 않고
남의 단점을 함부로 말하지 않는다

– 삼국지 '제갈 량'의 처세술

躬 몸 궁, 身 몸 신, 接 사귈 접, 水 물 수
不 아니 불, 伐 칠 벌, 己 자기 기, 長 길 장

삼국지에 천부적인 자질과 겸손, 공정, 공평의 처세술로 유비를 도와 촉한을 건국한 제갈 량은 초야에 묻혀 조용히 때를 기다리다가 유비를 만나 천하 대업의 길로 나아갑니다. 저는 초등학교 4학년 무렵 우연히 빌려 본 깨알 같은 글씨의 삼국지 상·중·하에 빠져 종이가 닳아지도록 읽고 또 읽은 적이 있습니다. 심지어 중학교 1학년 수업 시간에 몰래 읽다가 국어와 가정을 함께 가르치던 선생님에게 뺨이 얼얼할 정도로 맞은 기억도 있습니다. 그게 뺨까지 맞을 일은 아니었을 텐데 말입니다.

삼국지의 주인공은 조조, 유비, 손권, 사마의, 주유 등 내로라하는 수많은 등장인물 중 단연코 제갈 량일 겁니다. 제갈 량이 주목받는 이유는 자신에게는 항상 낮은 자세의 겸손과 양보로 타인에게는 섬김의 존중과 배려를 바탕으로 한 공정, 상식의 지도력을 발휘하여 상대를 꼼짝 못 하게 하는 확실한 철학을 가지고 있었기 때문입니다. 제갈 량은 유비의 삼고초려라는 파격적인 대우를 받고 세상에 나왔지만 관우와 장비의 위세에 늘 섬기는 자세로 임했고 한중 공격 시 유비를 따라가지 않고 형주에 머물며 방통에게 기회를 주는 분조위마(分槽喂馬 말은 다른 구유에서 먹게 하고)의 처세로 위기를 면하기도 했습니다. 기량이 서로 비슷한 관우, 장비, 조자룡, 마초, 황충의 촉한 5호 대장군에게는 합조위저(合槽喂猪 돼지는 같은 구유에서 먹게 하고)의 용인술로 그들의 역량을 최고조로 발휘하게 하여 한중을 손쉽게 취했고 자신이 직접 기획하고 지휘한 전투에서 패배하면 읍참마속이나 스스로 강등 조치를 하는 등 자책하고 낮추는 자세로 분위기를 일신하기도 하였습니다.

맹획을 일곱 번 잡고 일곱 번 풀어줘 남만을 복속시킨 7종 7금 (七縱七擒)의 인내와 배려를 발휘하기도 하였습니다. 제갈 량의 인물됨을 더 알 수 있는 대목은 평소 제갈 량의 재주를 시기하여 모함하다가 귀양가있던 이엄은 제갈 량이 오장원에서 병사했다는 말을 듣고 "아! 나를 다시 불러줄 사람이 이 세상에는 이제 없구나"라는 장탄식과 함께 곧 죽고 말았다고 합니다. 제갈 량이 이렇듯 모든 사람에게 추앙받는 이유는 사람과의 관계에서 항상 자신보다 부족한 상대에게까지도 더 낮은 자세로 임하면서 겸손, 겸양을 실천하는 궁신접수의 자세로 처세학을 완성하였기 때문이라고 생각합니다.

고을을 잘 다스릴 수 있는 비결을 듣기 위해 무명선사를 찾은 약관의 맹사성은 선사가 따라주는 녹차 물이 넘쳐서 방바닥 적시는 것은 보면서도 자신의 지식이 넘쳐 인품을 망치는 것을 보지 못한 게 부끄러워 황급히 나가다 문틀에 머리를 박은 다음 크게 성찰해서 청백리가 되었다는 고사가 있습니다. 또 평생 갚지 못한 젊은 아낙에게 빌린 뱃삯 5전이 날마다 쌓여 가기 때문에 저금을 할 수 없다면서 배려와 겸손의 미덕을 몸소 실천하셨던 고암 스님도 있습니다. 험한 이 세상을 슬기롭게 살아가기 위해서는 일단 겸손하고 볼 일입니다.

언론에 자주 나오는 사람 중 누가 보아도 '저 사람 저렇게 질주하다가는 위험하지?'라고 많은 사람이 이야기하는데도 정작 본인은 자기 잘난 맛에 천방지축 날뛰다가 결국 어려운 지경에 빠지고 마는 사례를 역사에서 많이 보고 있습니다. 맛있는 모이를 두고 피터지게 싸워 이긴 닭이 담장에 올라 승리의 '꼬끼오'를 우렁차게 외치는 순간 하늘을 날던 독수리 한 마리가 순식간에 낚아채 가버리는 그 모습을 보면서도 지위가 인격인 양 괴롭힘을 일삼는 사람들도 있습니다.

기관장은 늘 시민을 위해 신속, 친절, 공정하게 업무를 처리하라고 주문합니다. 직원들은 진짜 시민을 위한 것인지 아니면 기관장 자신의 자리보전을 위한 것은 아닌지 궁금하기도 합니다.

대형 집회 현장에서 직원들에게는 인근 식당에서 따뜻한 설렁탕을 먹게 하고 자신은 현장에 서서 빵과 우유로 끼니를 때우며 상황을 관리하던 서장님, 과중한 업무로 야근을 일삼는 직원들이 안타까워 저녁은 늘 당신이 시켜 주시고 어느 날은 직원이 비벼놓은 비빔밥을 같이 먹어 주시던 과장님 등 이런 분들이 있었기에 조직은 발전하는가 봅니다.

'종신양로(終身讓路)라도 불왕백보(不枉百步)요, 종신양반(終身讓畔)이라도 불실일단(不失一段)이라'는 말이 있습니다. '가는 길을 평생 양보한다 해도 백 걸음이 안 될 것이며 밭 두둑을 평생 양보한다 해도 한 마지기를 잃지는 않을 것이다'라는 이야기입니다. 벼는 익을수록 고개를 숙이고 병에 물이 가득 차면 흔들어도 소리가 나지 않는답니다.

궁신접수 불벌기장(躬身接水 不伐己長)

총경 승진에 기분이 들떠 어느 단톡방에 계급장과 책상 명패를
자랑삼아 올렸는데 평소 그 단톡방에 글을 잘 올리지 않는 지인으
로부터 '겸손'이라는 두 글자가 올라와 얼굴이 화끈거렸던 그때를
생각하면 쥐구멍이라도 들어가고 싶은 마음입니다. 오늘도 자신을
낮추고 서로 배려하며 살맛 나는 세상을 같이 만들어 갔으면 좋겠
습니다.

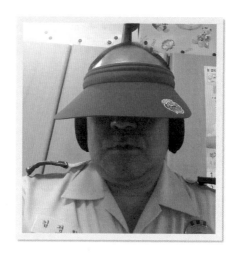

16

말이 정말 싫어하는 말

무언폭노(毋言暴怒)
절언절려(絶言絶慮)

말을 많이 하고 갑자기 성내는 것을 경계하며 고요
함 속에서 생각을 가다듬으면 통하지 않는 곳이 없다
—목민심서 '율기 편', 승찬대사 '신심명'

毋 말 무, 言 말씀 언, 暴 사나울 폭, 怒 성낼 노
絶 끊을 절, 言 말씀 언, 絶 끊을 절, 慮 생각할 려

말을 많이 하게 되면 그 말들 속에 숨어있던 비수가 되레 나에게 돌아오며 말로 상대를 설득하려다가 오히려 더 큰 오해를 받기도 합니다. 역경에 이르기를 '군자가 집안에서 하는 말이 선하면 천 리 밖에 있는 사람들까지도 따를 것이요 그 말이 악하다면 천 리 밖에 있는 사람들까지도 어길 것이니 하물며 가까이 있는 사람들은 말해 무엇 하겠는가'라며 평소 벼슬살이하는 사람들이 하는 말의 중요성에 대하여 큰 가르침을 주고 있습니다. 우리 주위에서도 설화(舌禍)로 인하여 일을 그르치고 인생을 망쳐버린 사례는 너무나 많습니다.

1953년 일본 요시다 총리는 야당인 니시무라 의원과 설전을 벌인 후 자리로 돌아오면서 "바보 같은 자식"이라며 내뱉은 한마디로 결국 의회 해산과 후에 치러진 선거에서 여당이 참패하는 결과를 초래하였고 2005년 프랑스 시라크 대통령은 러시아·프랑스·독일 정상회담 중 담소 자리에서 "핀란드를 제외하면 영국이 유럽에서 가장 음식 맛이 없다."라는 영국 폄하 발언으로 하계 월드컵 개최지가 영국 런던으로 선정되는 설화를 빚었으며 1989년 동독 공산당 대변인 귄터 샤보브스키는 휴가를 마치고 업무 복귀 후 각료회의 내용을 모두 숙지하지 못한 채 기자들에게 동서·독 간 '완전한 여행 자유화'가 아니고 다음 날부터 순차적으로 시행 예정인 단순한 여행 허가증과 여권 발급 간소화 조치를 발표하는 자리에서 이탈리아 기자의 "이 조치가 언제부터 발효되느냐."라고 묻자 서류에 적혀 있는 '지금 즉시'라는 문구를 그대로 답변하여 결국 28년여간

동·서독을 갈라 놓았던 베를린 장벽이 무너지는 세계사에 한 획을 긋는 대사건이 일어났다고 합니다.

"아, 그 말 한마디만 하지 않았어도 내 인생이 달라졌을 것이다." 라며 실언(失言)에 대한 후회하는 경우를 우리는 종종 보게 됩니다. 전자공장에 다니는 억척누나의 따뜻한 보살핌을 받으며 생활하던 어느 날 누나와 말다툼 중 그 당시 어려운 환경에서 상급학교에 다니지 못하고 생산 공장에 다니는 여성들을 비하하는 '공순이'라는 말로 누나 가슴에 대못을 박는 실언을 하였습니다. 50여 년이 지난 지금도 그 생각을 하면 너무도 마음이 아프고 아직도 그 말을 주워 담지 못하고 있습니다. '도끼는 잊어도 나무는 잊지 못한다.'라는 말이 있는데 누나에게 기억하는지를 물어보니 다행히 생각이 나지 않는다고 해서 조금은 미안함이 덜했습니다.

후배들을 만나면 이런 이야기를 듣습니다. 선배님, 정년퇴직하신 지 얼마나 되셨나요? 이제 그 연세에 좀 쉬셔도 되지 않나요? 연금 얼마나 타시나요? 그 정도면 되지 않나요? 이제 욕심 좀 내려놓으시지요. 저는 이렇게 속으로 이야기합니다. '후배야, 정년퇴직한 지 3년 밖에 안 지났다. 팔십까지는 펄펄 날아서 경제활동할 거다. 연금으로 경조사비 내고 나면 우리 두 식구 먹고 살기도 빠듯해서 더 벌어야 해'... 후당의 재상을 지낸 풍도라는 사람은 다섯 왕조에 여덟 명의 성이 다른 왕을 섬긴 것을 두고 처세의 달인이라고 하자 그는 "나는 황제를 섬긴 것이 아니라 나라를 섬겼다"

라면서 '입은 재앙을 불러들이는 문이요, 혀는 제 몸을 베는 칼이니 입을 다물어 혀를 깊이 감추어 두면 가는 곳마다 몸이 편안하리라'라는 시로 답했다고 합니다.

홍길동전을 지은 허균은 평소 가벼운 말과 행동으로 자주 물의를 빚었는데 사명대사는 이를 지적하면서 '입 지키기를 병마개 막듯 하면 몸을 편하게 하는 으뜸의 방법'이라고 충고합니다.

어느 기관장은 자신이 근무하는 지역에 초도 방문한 아주 높은 상관을 마중하게 되었습니다. 그분을 모시는 차 안에서 이런 저런 이야기 중에 "정년이 얼마 남으셨나요?" "네, 내년 6월 말이 정년입니다" "아. 그러면 정년퇴직 임박자 우대차원의 기존관례가 있으니까 지금 근무하는 기관에서 올해 말까지 1년 6개월 기관장 하시고 6개월 공로 연수 가시면 되겠네요."라는 말씀에 차 안에 있던 차기 인사과장을 포함한 고위급 간부들은 이구동성으로 "이분은 정말 열심히 하시는 분이라 정년 후에는 선거에 나가도 승산이 있을 겁니다"라면서 같이 맞장구까지 쳐 주었으나 아쉽게도 1년 6개월의 약속은 지켜지지 않았습니다. 1년 6개월 임기를 보장받았다는 기관장이 1년 만에 발령이 나는 것을 본 직원들과 지역주민들은 '무슨 일이 있는 걸까? 그럴 리가 없을 거야'라면서 수근대는 소리를 들으며 6개월은 희망하지 않았던 임지에서 근무하면서 그 인사에 대한 스트레스로 갑자기 시력에 문제가 있어 백내장 수술까지 하고 정년퇴직을 맞았답니다. 인사권자라는 사람이 '지키지 않을,

지키지 못할 약속'은 왜 하셨는지 모르겠습니다. 무심결에 상대 기분 맞추려고 하는 말이나 들떠 있을 때 별 생각 없이 하는 말, 이 말로 인해 연못 개구리는 돌 맞아 죽게 됩니다. 말이 싫어하는 네 가지가 있는데 말머리 돌리기, 말허리 자르기, 말꼬리 잡기, 말 바꾸기가 있는데 그 중 가장 나쁜 것이 '말 바꾸기'랍니다.

또 우리나라 속담에 '없는 자리에서는 임금님도 욕하는 법'이라며 뒷담화를 일반적인 생활문화로 치부하면서 살아왔다고 해도 과언이 아닙니다. 뒤에서 말하는 이유는 서로가 긍정적 이야기를 했을 때보다 부정적 이야기를 했을 때 더 결속력이 강화되고 우월감과 성취감을 느끼면서 스트레스와 불안감을 감소시켜 세로토닌 같은 긍정의 호르몬 수치를 높이기 때문이라고 합니다. 하지만 '앞에서 못하면 뒤에서도 하지 말라'는 말처럼 안 좋은 말일수록 당사자의 귀에 꼭 들어가게 돼 있고 가슴에 큰 상처를 주게 됩니다. 저는 얼마 전 지역사회에서 많은 활동을 하는 분을 험담하는 자리에 끼어 몇 번 맞장구를 친 적이 있는데 유감스럽게도 그 이야기가 당사자의 귀에 들어가 버렸습니다. 만나기를 청한 후 식사를 대접하면서 약간의 변명을 섞어 사실을 말하면서 용서를 구하였고 그 분도 충분히 이해는 해주셨으나 화끈거리는 제 얼굴처럼 그 분을 만날 때마다 뒷담화 채무의 화끈거림이 두고두고 가시지 않을 거라 생각하니 자신의 경솔한 처신에 후회가 막급입니다.

또한 공직자는 갑자기 화를 내서는 안 됩니다. 다산은 '백성의 생사여탈권을 쥐고 있는 목민관은 갑자기 화를 내서는 안 되는 무폭노(毋暴怒)와 평소에 화가 날 때 그 화를 밖으로 표출하지 말고 가슴속에 가두어 두라는 怒則囚(노즉수)를 반드시 행할 것'을 강조합니다. 어느 관서장은 온종일 개최된 강성 집회가 막 마감하려는 순간, 집회 주최자에게 그날 당한 화를 참지 못하고 몇 마디 욱하고 내지르는 바람에 다시 불법 집회가 시작된 웃지 못할 일도 있었습니다. 하지만 어느 부서장은 직원이 결재하러오면 우선 자리를 권하면서 본론에 들어가기 전에 간단한 안부나 신상에 대해 질문하면서 상대를 편하게 해 준 다

음 키칭이 아닌 코칭의 자세로 차분히 가르쳐 주면서 결재를 해주는 절언절려(絶言絶慮)를 실천하는 분이 계셨습니다. 직원들은 이구 동성으로 과장님 결재를 들어가면 간식도 주시고 좋은 말씀도 해 주셔서 너무 재미있고 자주 들어가고 싶다는 이야기를 합니다. 이러한 분위기가 일할 맛 나는 직장분위기 아니겠습니까?

무언폭노 절언절려(毋言暴怒 絶言絶慮)

공직자의 몸은 화살의 과녁과 같으니 말을 많이 하거나 갑자기 화내는 행동을 삼가며 늘 고요함 속에서 깊게 생각하면서 일을 처리해야 할 것입니다.

17

술,
한 잔을 열 잔처럼
열 잔을 한 잔처럼

단주절색(斷酒絶色)
병거성악(屛去聲樂)

공직자는 음주를 금하고 여색을 멀리하며, 공손하
고 엄숙하기를 큰 제사를 지내듯 하여야 하며, 주색
잡기와 유흥에 빠져 정사를 어지럽히는 일이 있어서
는 안 된다

– 목민심서 율기 편 '칙궁'

斷 끊을 단, 酒 술 주, 絶 끊을 절, 色 빛 색
屛 병풍 병, 去 갈 거, 聲 소리 성, 樂 풍류 악

술의 역사를 보면 삼국시대 이전부터 만들어 마셨다고 합니다. 어떻게 밀이라는 곡물로 미생물 덩어리인 누룩을 만들고 그 누룩과 쌀을 버무려 발효시킨 물을 마시면 한없이 기분이 좋아지는지, 참 신비롭기 그지없습니다. 하지만 그 신비로운 액체가 역사를 발전시킨 원동력이 되기도 하고 인간을 파멸시키고 나라를 도탄에 빠지게 하는 독이 되기도 하였습니다.

술에 만취한 상태에서도 명나라에 보내는 국서를 단숨에 써 내려가 조선의 당대 최고의 문장가로 칭송받은 애주가이자 청백리로 대사헌까지 지낸 손순효는 성종으로부터 하루에 석 잔 이상은 마시지 말라는 어명에도 하사받은 은잔을 두드려 펼쳐 큰 대접을 만들어 마셨는데 이 소식을 들은 성종은 크게 웃으면서 "앞으로 내 속이 좁아 보이거든 그 잔처럼 두드려 넓게 해다오"라며 가끔 술과 음식을 하사했다는 고사가 전해 내려옵니다.

술은 마음을 갉아먹는 문(門)이라고 합니다. 하지만 제사상이나 잔칫상에 빠지지 않고 기쁠 때나 슬플 때 술을 찾는 건 동서고금, 인류의 오랜 풍습 중 하나 임에도 술 때문에 병이 나거나 망신을 당하거나 화를 입으면 자신의 의지로 실컷 마셔 놓고 결국 술을 탓하게 되는 것이 사람입니다. 이러한 폐단과 국가 전매사업의 이유 등으로 제가 어릴 적에는 밀주를 철저하게 단속했습니다.

어느 해 추석 즈음 동네 입구에서 선친께서 모르는 사람을 가로

막고, 서로 밀치고 당기는 모습을 보고 싸우시는 게 아닌가 싶었는데 나중에 알고 보니 술 조사를 나온 공무원을 막아서는 사이 동네 사람들이 제사상에 올리려고 몰래 빚어놓은 술을 감추도록 시간을 벌어주기 위해 공무집행을 방해(?)하시는 선친의 눈물겨운 노력이었음을 알게 되었습니다.

막걸리 힘을 빌려 그 힘든 농사일을 하던 시골 명절에는 동네 여기저기에서 큰 소리가 납니다. 평생 술 한 방울도 마시지 않았던 선친께서는 '술에 취해 실수하는 사람은 사람이 아니다'라고 하시면서 술 마시는 사람을 극도로 싫어하셨습니다. 명절이나 잔칫날 술에 취해 싸우고 소리지는 사람을 보시고는 "저렇게 미련하고 못난 모습을 보이면서 술을 먹는 게 어디 사람이 할 짓이냐" 면서 "일당 십 십당일(一當十 十當一), 즉 술을 마시려면 우리 정환이처럼 한 잔을 마셔도 열 잔처럼, 열 잔을 마셔도 한 잔처럼 마셔야 한다"는 칭찬을 듣기도 하였습니다. 하지만 어느 날, 처가집 냉장고에 있는 모과주를 마시려다가 멸치 액젓을 마시고 기겁을 했던 일, 지방 근무시 몸에 좋다는 사주(蛇酒)를 마시고 죽었다 살아나 12일 동안 단식했던 일, 술에 취해 전철에서 곯아떨어져 종점까지 갔다가 택시로 다시 돌아온 일이 다반사였으며 반 공휴일인 토요일, 주(酒)님과 함께한 거한 오찬 후 귀가하기 위해 버스는 잘 탔지만 기점과 종점을 수 회 왕복한 일 등은 선친께는 아직도 비밀입니다.

지구대 파출소에 근무하다 보면 주취자 관리로 골치 아픈 일이 많습니다. 특히 금요일이나 토요일 저녁이 되면 그런 분들로 문전성시를 이룹니다. 경찰의 큰 부담이고 선량한 시민을 위한 치안 서비스가 엉뚱한 곳으로 쏠리는 현장입니다. 방송에서 자주 보이는 어떤 분이 술을 마시면 집으로 가지 않고 꼭 파출소에 들러 서너 시간 동안 법의 경계선을 넘나들면서 직원들을 힘들게 하는 모습을 보면서 자신을 해칠 수 있는 저런 행동을 하도록 하는 마약 같은 술이 정말 무섭다는 생각이 들기도 합니다.

　공직사회에서는 365일 술과의 전쟁을 치르고 있습니다. 상급자는 부하 직원에게 술을 마시면 대리운전으로 귀가하도록 권유하며 대리비도 지원하고 심지어 상급자인 자신이 대리기사를 자처한다는 보도가 나올 정도입니다. 이 무서운 술을 마시고 운전하게 되면 파면이나 해임 등 배제 징계 시 엄청난 금전적 손해와 조직의 배신자로 동료들로부터 손가락질을 받게 되고 가족에게 정신적 고통을 안겨주며 본인은 평생 죄인의 꼬리표를 달고 다니게 되는 이 엄청난 파급 효과를 왜 모르는지 정말 이해가 가지 않습니다.

　저는 재직 중 음주운전을 근절시키고자 매주 금요일 오후 '음주운전 예방을 위한 금요일의 막내 생각'이라는 타이틀로 제가 촌철살인의 문자를 만들어서 지역경찰 막내 명의로 경찰서 직원 모두에게 전송한 적이 있습니다.

– 설이나 추석 명절 –

'음복 주의보 발령! 잘 마시면 복이요, 잘못 마시면 독이 되나니 음주운전, 나와 내 가족과 조직이 함께 죽는 트리플 아웃입니다'
'명절 기분에 한잔하고 운전하십니까? 그 술 한잔에 당신은 퇴출 0순위! 당신과 나, 우리 가족, 그리고 조직 모두를 잃는 일이 있어서는 안 되겠지요?'

– 인사발령 철 –

'그동안 밤새워 쌓아온 동료애! 석별의 정을 나누는 것도 좋지만 음주 후 차 키는 절대 안 돼요! 한 순간 편하자고 평생을 담보로 잡히시겠습니까?'
'승진의 기쁜 마음에 혹시 음주운전의 유혹을 받고 있지는 않습니까?' 그러면 당신은 다시 원위치가 아닌 파멸의 나락으로 떨어질 겁니다'

– 계절별 –

'가을 단풍이 물들어가는 것처럼 선배님의 얼굴도 물들고 있지 않은가요?' 그렇다면 대리기사님을 부르세요!'
'10월의 마지막 밤을 낭만 있게 보내고 싶습니까? 그렇다면 전화하세요. 가정보다 먼저 대리기사님에게!'

지금 생각해도 귀에 못이 박히도록 강조를 하고 또 하였습니다만 한 달이 멀다 하고 또 음주운전자가 발생합니다. 어느 날 새벽 사무실에서 자고 있는데 지구대장에게서 전화가 옵니다. 엊그제 발령받은 시보 직원이 음주 사고를 냈는데 그 아버지가 시골에서 올라 와서 저를 보고 싶다네요. 저를 본들 무슨 해결책이 있겠습니까?

어느 날, 늘 조마조마했던 그 직원의 음주운전으로 기관 전체의 가라앉은 분위기를 쇄신하기 위해 7개 지역관서를 금·토·일 3일 동안 3번을 방문, 21개팀 모두를 만나서 "우리 앞으로 더 잘 해 봅시다"라는 3초의 멘트로 분위기를 일신하였고 그 후 음주운전 불상사는 발생하지 않았던 적이 있습니다. 술 주(酒)자를 보면 물 수(水)변에 닭 유(酉)로 한꺼번에 마시지 말고 닭이 목을 들어 물을 먹듯이 조금씩 마시고 유시(오후 5시~7시) 이후에는 술을 삼갈 것을 권하고 있습니다.

또한 공직자는 유흥과 주색잡기에 빠져 방탕한 생활을 하게 되면 그 말로는 비참함 밖에 남지 않습니다. 평소 꼿꼿하고 청렴해서 전 재산이 거문고 하나에 학 한 마리(一琴一鶴)였다는 송나라 조변이 이 촉을 다스릴 때, 한 기생이 머리에 꽃을 꽂고 눈웃음을 치는 모습에 마음이 동하여 서로 시를 주고받은 후 밤에 충복을 시켜 그 기생을 불러오게 하였고 한참을 기다리면서 방안을 서성이다가 문득 자신의 위치를 깨닫고 그 명령을 거두자 그 충복은 "공께서 분명히 그 명령을 거두실 줄 알고 처음부터 부르러 가지 않았습니다"라고 대답했다는 고사가 있습니다.

강아지는 꼬리를 흔들며 애정 표현을 하지만 사람은 눈웃음을 치면서 애정 표현을 한답니다. 깊은 산속 암자에서 오랫동안 수도하면서 생불로 추앙받던 지족선사는 자신을 찾아온 황진이를 거절하면서 "아니다. 아니다. 이건 아닌 것이다"를 수없이 외쳤지만 결국 유혹에 넘어갔다 하며 반면에 처사 서경덕은 자신을 연모하여 찾아온 황진이를 기꺼이 받아 주며 "아니다. 아니다. 그건 아닌 것이다"로 자신의 욕망을 억제했을 것이라고 넘겨짚어 봅니다.

단주절색 병거성악(斷酒絕色 屛去聲樂)

공직을 수행하는 사람이라면 음주와 방탕한 생활을 멀리하며 절제하고 인내하면서 공직을 마치고 정년퇴임식장에서 자신을 돌아볼 때 잘도 참았구나, 잘도 견뎌 냈구나'하는 자신만의 보람 있는 시간과 만나시길 바랍니다.

18

당신을 천금으로 사겠소

어하이관(御下以寬)
관즉득중(寬則得衆)

아랫사람을 너그러이 대하면 마음속으로 순종하며
인심을 얻을 것이며 자신의 잘못은 엄하게 다스리고
다른 이들의 잘못에는 관대해야 한다

— 목민심서 '율기 편' 칙궁, 논어 '양화 편'

御 어거할 어, 下 아래 하, 以 써 이, 寬 너그러울 관
寬 너그러울 관, 則 곧 즉, 得 얻을 득, 衆 무리 중

삼국지에 가난한 돗자리 장수가 후덕한 인품을 바탕으로 인심을 얻어 마침내 황제의 자리까지 오른 유비의 사람됨을 알 수 있는 장면이 나옵니다. 유비가 형주의 작은 고을인 신야성에 머무를 때 조조의 10만 대군이 쳐들어오자 황급히 달아나는데, 이때 유비의 인품에 감복해서 따라오는 수많은 피난 백성을 버려야 한다는 제갈량 등의 권고에 "이렇게 많은 백성이 나를 믿고 의지해서 따라오는데 어떻게 버릴 수 있겠는가? 아무리 어려워도 사람이 먼저다"라며 위급한 상황에서도 끝까지 백성과 함께하려고 했던 유비의 너그러운 인품이 훗날 삼국 정립의 대업을 이루는 밑거름이 되었답니다.

반면에 한날 한시에 죽겠다는 도원결의(桃園結義) 후 유비를 도와 촉을 세운 용맹의 화신 장비는 중형인 관우를 죽게 한 오나라의 손권에게 복수전을 준비하면서 사흘 안에 모든 군사에게 흰 상복과 흰 깃발을 준비하라는 무리한 명령에 이의를 제기하는 부하 장수 범강과 장달에게 무자비한 매질을 가하여 결국 이 둘에게 목이 잘리게 되었는데 이는 의(義)와 용(勇)은 갖추었으나 이보다 더 중요한 덕(德)을 제대로 갖추지 못한 자업자득의 결과라고 생각합니다.

재능과 열정을 모두 겸비한 다산 정약용은 정조의 총애를 시기한 반대파들로부터 끊임없이 공격을 받던 중 황해도 곡산에서 민란이 일어났다는 보고를 받은 정조로부터 곡산 부사의 특명을 받게 됩니다. 당시 곡산은 전임 부사가 군포 1필 값으로 2백 냥을 거둬야 함에도 무리하게 9백 냥을 내게 하자 이에 백성 1천여 명이 반

발하여 일어난 사건이었습니다. 다산이 부임 중 한 사나이가 꿇어
엎드려 있는데 살펴보니 이 사건의 우두머리 이계심이었습니다. 얼
른 포박해서 죄를 물어야 한다는 아전들의 성화를 뒤로하고 이계심
으로부터 전임 부사의 탐학과 백성들의 고통을 적은 10가지 내용
을 찬찬히 살펴본 후 이렇게 말합니다. '관소이불명자 민공어모신
불이막범관야 여여자 관당이 천금매지야(官所以不明者 民工於謨身
不以漠犯官也 如汝者 官當以千金買之也)니라, '관(官)'이 현명하지 못
한 까닭은 백성들이 자기 안위만 생각하고 적극적으로 관의 잘못
에 대해 항의를 하지 않기 때문이다. 너 같은 사람은 관이 천금으
로 보상을 해 주어 할 사람이다' 하면서 무죄 방면을 하게 됩니다.

　직원들과 함께 시간 나는 대로 직접 페인팅과 망치질로 만든 휴
게실에서 차담회를 하면서 소통 화합의 분위기를 앞장서 만들고
음산하고 불결한 유치장 벽에 산뜻한 벽화를 그려놓는 등 조직원
과 민원인들을 살뜰히 챙긴 어느 기관장이 계셨습니다. 이 기관장
은 칼을 들고 난입한 괴한에게 쫓기는 등 석연치 않은 행동을 보
인 팀장의 미숙한 현장 조치를 보고 받고 신속하게 현장에 나가서
부상직원을 챙기고 사후 조치와 재발 방지책을 마련하는 등 최선
의 노력을 했음에도 그 사건의 지휘 책임을 물어 전보 조처를 당하
게 된 과장을 위해 "과장을 전보시키려면 기관장인 나를 다른 곳으
로 보내달라"면서 눈물을 보이셨고 그로 인해 둘 다 자리를 고수하
게 되었습니다.

구성원이 많으니 이러저러한 여러 부류의 사람들이 참 많습니다. 어느 지역 관서에서는 이른바 '관심 직원'으로 과장한테도 큰 부담을 주고 있으며 가끔씩 이해 못할 행동으로 많은 직원이 고통을 받을 때 해당 팀장님이 직접 나서서 그 직원과 끊임없이 1:1 케어를 하는 모습을 보았습니다. 본서에 보고해서 인사조치 하면 팀장인 자기 업무영역에서 벗어나는데도 "아닙니다. 이 친구는 제가 아니면 다룰 사람이 없습니다"라면서 날마다 속앓이를 하며 최선을 다하는 모습 속에서 '이 분은 아마 부처님이나 하느님이 보낸 특사일 것이 분명하다'라는 생각을 해 보았습니다. 그 팀장님은 정년퇴직 후 크게 성공한 자제들의 극진한 효도를 받으며 골프로 소일을 하신다는 소식을 접하고 적선여경(積善餘慶) 즉 착한 일을 많이 하면 좋은 일이 넘친다는 우리 속담을 새삼 떠올리게 합니다.

어하이관 관즉득중(御下以寬 寬則得衆)

모든 공직자는 부하 직원을 덕으로 대하고 늘 자기 자신을 돌아보면서 부족한 덕을 채우는 자비로움을 갖추어야 할 것입니다.

기호 2. 서울청 존중문화 사진 콘테스트

19

리더의 숙명,
작은 그릇이라도 큰 물을

와각지쟁(蝸角之爭)

해불양수(海不讓水)

달팽이 더듬이 위에서 싸우는 옹졸함보다 모든 것을
마다하지 않고 받아들이는 넓은 가슴이 되어야 한다
ㅡ장자 '칙양 편', 관자 '형세해'

蝸 달팽이 와, 角 뿔 각, 之 갈 지, 爭 다툴 쟁

海 바다 해, 不 아닐 불, 讓 사양할 양, 水 물 수

공직자가 어느 기관의 장이 되면 자신의 이름과 업적을 알리기 위해 큰 노력을 기울이게 되는데 그것은 반드시 시민을 위한 열정이어야 합니다. 하지만 본질을 멀리한 채 보여주기식이나 자신의 이름을 알리는 치적에 몰두하다 보면 조직원들과 각을 세우게 되고 그 갈등의 소용돌이 속에서 손해는 결국 시민이 보게 되는 경우가 왕왕 있어 왔습니다. 고위직 어느 분은 제복의 우수성과 효율성을 강조하면서 홍보와 범죄예방을 위해 출·퇴근 시, 근무복을 입고 다닐 것을 권유하였는데 이로 인해 인근 세탁소에는 직원들이 줄을 서 있는 진풍경이 벌어지기도 하였습니다. 이 높은 분은 자랑스러운 자기 계급장만 생각했지 가장 말단이 계급장을 단 제복을 입고 출퇴근하는 모습을 생각해 보았는지 모르겠습니다. 어느 높은 분은 근무복 바지 끝단을 1인치 줄이고 흰 양말을 신도록 해서 걸을 때마다 힌 양말이 보일 듯 말 듯 하는 모습이 세련되어 보인다면서 독특한 코디 취향을 보인 분도 있었습니다.

어느 기관장은 부하 직원들이 허리를 굽히고 두 손으로 악수를 하면 그 자리에서 심한 면박을 주고 심지어는 초도방문을 취소하려고 하여 참모들이 말리느라 진땀을 빼기도 하였다는 이야기도 전해오고 있으며 부임 후 업무보고를 3개월 동안이나 받으면서 직원들을 들들 볶는 사람도 있었습니다. 어느 부서장은 결재 한번 들어가면 두 시간 이상 붙잡아 두고 미주알 고주알 따지면서 잔뜩 진을 빼고는 결국 결재는 해주지 않는 분이 계셨는데 한번은 몇 번을 시도한 끝에 결재는 받았는데 그 보고서 내용의 행사는 이미 끝나 버렸다는 웃지못할 이야기도 있습니다. 그 결재하는 시간에 한번 더 현장에 가고, 한 번 더 시민을 만나야 하는 황금 같은 시간이 아니겠습니까?

가는 곳마다 자기 이름을 넣은 기념식수를 하고, 그 기관 기념품에 자기 이름을 넣어 시민들로부터 선거에 나갈 사람이라는 뒷담화를 듣는가 하면 책을 발간했다면서 홍보나 구매 부담을 주는 사례도 있었습니다. 매주 주말 산행을 하면서 직원들을 은근히 동원하고, 자기가 좋아하는 악기 연주나 운동 관련 동호회를 만들어 여러가지 이유로 참여하지 못하는 직원들에게 상대적 박탈감을 주는 사람도 있었습니다.

이렇게 업무 외적인 사소한 것에 대한 기관장의 큰 관심 사항 대두로 인해 직원들과 갈등을 일으키면서 일을 하게 되면 그 기관의 큰 목표는 사라지고 조직의 사기는 떨어질 수밖에 없습니다. 그렇게 사소한 것에 관심을 두려면 출근하면서 그 기관의 태극기나 관서기가 늘 깨끗하게 바르게 걸려 있나를 직접 점검하면서 하루를 시작해 보기를 권합니다.

반면에 어느 관서장은 부임과 동시에 모든 직원들로부터 그동안 시민과 직원들을 힘들게 했던 불필요한 일을 다 적어내도록 하고 이를 확 줄이는 것을 시작으로 열악한 환경, 조직 분위기, 개인의 애로 고충 사항 등 모든 사항을 가감 없이 경청하고 하나하나 우선

순위를 정해 해결해 나가는 모습도 보았습니다.

제가 대원들 간 구타사건 등으로 늘 골머리를 앓고 있던 기동대 과장 시절, 자체 사고가 거의없는 어느 기동 중대가 있어 그 비결을 조용히 알아보니 그 중대장은 매일 저녁 대원들과 같이 복도에 앉아서 구두를 닦고 같이 청소를 하면서 점호 준비를 하는 모습을 보게 되었습니다. 용장 밑에 약졸 없다고 그 중대는 현장에서도 변수하나 없이 펄펄 날아서 많은 격려와 칭찬을 받았으며 그 중대장은 지금 훌륭한 지휘관으로 근무하고 있으면서 별칭을 '○느님'으로 불리우며 조직원의 신망을 한 몸에 받고 있습니다. 이렇게 기관장이 큰 목표를 늘 잊지 않고 넓은 가슴으로 구성원을 사랑하게 되면 시민들로부터도 큰 신뢰를 얻게 되고 자연스레 자신의 이름과 업적도 기억에 길이 길이 남게 됩니다.

저는 과장 재임 시 1년이나 2년에 한 번씩 경찰서를 옮길 때마다 부임 전날 그 서의 담당 과와 지구대, 파출소 직원 4~5백여 명의 이름과 전화번호를 손가락이 쥐가 나도록 핸드폰에 입력한 후, 제 사진과 간단한 이력을 소개하는 문자를 전송하여 긴장도(?)를 고조시킨 결과 내부 직무만족도 등 성과평가에서는 항상 최상위권을 달렸습니다. 아내는 이런 저를 보고 "다른 분들도 다 그렇게 하시냐"고 하면서 "내 남편이라서 하는 말이 아니고 당신은 정말 대단하다"는 칭찬을 곁들인 감탄사(?)를 연발하곤 해서 한편으로는 어깨가 으쓱하면서도 이런 행동이 무언가 남은 2센티에 3센티를 보태는 미움함이 아닌가 하는 생각이 들곤 했습니다. 이때 입력한 5천여 명 직원의 전화번호는 지금까지 잘 간직하면서 제가 정년퇴직 후에도 간간이 안부를 묻는 소통창구로 이용하고 있습니다. 강남경찰서 생활안전과장 부임 전날 생활안전과 직원과 지구대 파출소 직원 4백여 명에게 사진과 함께 보내드린 문자를 가감 없이 소개하겠습니다.

☆충성!

신임 생활안전과장 김정환이 신고 드립니다!

저는 '81년 9월 순경으로 입직, 서대문서를 시작으로 경찰청과 서울청 및 관악 · 동작 · 용산 · 광진경찰서를 거쳐 대한민국 치안 1번지인 이곳 강남서에서 생활안전과장으로 근무하는 큰 영광을 안았습니다. 제가 '분위기 좋고 일 잘하는 고품격 명품 강남 경찰' 여러분들과 같이 근무하는 동안 시민의 안전을 최우선 목표로 두고 이를 위해 화합 · 단결 속에 존중 · 배려, 역지사지를 앞장서서 실천하는 모습을 보이겠습니다.

감사합니다. 내일 뵙겠습니다.

2016년 1월 25일, 생활안전과장 김정환 드림

와각지쟁 해불양수(蝸角之爭 海不讓水)

  기관장은 갈등의 와각지쟁의 옹졸함보다 해불양수의 포용력으로 성과를 내는 멋진 공직자로 기억되었으면 좋겠습니다.

- 경찰 김정환의 유쾌하고 솔직한 청렴이야기 -

목민경찰

39+

Part 4

시대의 화두
소통과 화합

20

갑진년에는
무갑질로

안자지어(晏子之御)
등라계갑(藤蘿繫甲)

남의 위세를 등에 업고 잘난 체하면서 아랫사람을 괴
롭혀서는 아니되며 작은 나무와 큰 나무가 서로 의지
하듯이 서로 포용하면서 살아야 한다

– 사기 '관안열전', 명리학

晏 늦을 안, 子 아들 자, 之 갈 지, 御 어거할 어

藤 등나무 등, 蘿 담장이 넝쿨 라, 繫 맬 계, 甲 천간 갑

뛰어난 재능에 겸손까지 더해 춘추전국시대 안자라는 존칭이 붙여졌던 안영이 탄 마차를 몰던 마부는 지나가는 사람들이 모두 엎드리는 예를 표하자 마치 자신이 안영인 양 으시대며 마차를 몰았습니다. 이 모습을 본 아내로부터 "당신은 8척 장신의 멀쩡한 허우대로 겨우 남의 마차나 몰면서 우쭐거리니 창피해서 같이 살지 못하겠다"라는 이별 통고에 크게 깨달은 마부는 그 후부터 사람이 달라져 마침내 대부(大夫)라는 벼슬에까지 이르게 되었답니다. 사람 人(인) 자를 보면 사람이 서로 기대어 의지하고 있는 모습처럼 작은 나무는 큰 나무를 의지하고 큰 나무는 작은 나무를 포용하면서 살아가야만 공생할 수 있습니다.

요즘 많은 언론에서 직장 내 갑질이 빈발하여 조직을 병들게 하고 조직 구성원들을 힘들게 하고 있다는 보도를 연일 내고 있습니다. 갑질이란 사회·경제적 관계에서 상대방인 乙보다 우월적 지위에 있는 甲이 우월한 신분, 지위, 직급, 위치 등을 이용하여 상대방에게 행하는 부당한 요구나 처우를 말하며 이 용어는 뉴욕타임지에 소개되어 부끄러움을 동반한 글로벌한 용어가 되었습니다. 갑질의 근거 규정을 보면 공공분야 갑질 트리오인 사적 노무 요구 금지, 직무권한 등을 행사한 부당행위 금지, 감독기관의 부당한 요구 금지와 근로기준법상 직장 내 괴롭힘 금지 및 남녀고용평등법상 직장 내 성희롱의 금지를 통칭 갑질이라고 합니다.

국무조정실이 최근 일반 국민 2천 명을 상대로 갑질의 심각성 인식 수준과 피해 경험 유·무 등을 조사한바 응답자 4명 중 1명이 갑질을 경험하였다 하며 응답자의 79.4%가 '우리 사회의 갑질이 심각하다고 생각한다'라는 답을 했으며 그중 56.4%가 과거에는 갑질이라고 생각하지 않았던 것들을 최근에는 갑질이라고 답해 갑질에 대한 국민 의식이 크게 바뀌고 있음을 알 수 있습니다.

어느 기관 간부가 1박 2일 워크숍에서 심야에 직원에게 라면을 끓여 오도록 하고, 부서장이 자신만의 전용 주차 공간을 지정 사용하고, 국장이 근무 중인 직원들 동원하여 자기 아들 가게 개업식을 도와주게 하거나 이삿짐을 날라주게 하는 등 공공분야에서의 갑질의 사례입니다.

'어디서 6급 따위가 눈을 동그랗게 뜨고?', '팀장보다 먼저 퇴근하는 데가 어디 있냐?', '여자의 성형은 기본이지, 어디 성형했냐'라던가 팀 회식 시 여직원에게 상사의 옆에 앉아 술을 따르도록 하는 등 민간 사기업 분야에서의 갑질 사례도 연일 보도되고 있어 눈살을 찌푸리게 하고 있습니다.

갑질은 조선 시대에도 성행했다는 기록을 볼 수 있습니다. 이른바 면신례라 하여 과거를 통과한 신입 관료는 육체적 정신적으로 혹독한 신고식을 통과해야 하는데 이때 신입은 기존 상급자들에게 술과 고기 등 거한 음식을 대접하면서 벌을 받게 되는데 붓으로 얼굴에 낙서하기, 오물 만진 손을 씻은 물을 마시게 하거나 진흙탕에서 구르기 등 기상천외한 방법으로 괴롭혔으며 이 과정에서 주는 술을 거절하지 못하고 받아먹다가 사망하기도 하였다 합니다. 장원을 아홉 번이나 했다는 구도장원공 율곡 이이는 이 면신례를 경험하면서 "신참의 옷을 찢고 진흙 속을 구르게 하여 자존심을 잃게 하고 염치를 버리게 한 뒤에 관리가 되면 이 무슨 꼴이냐"라며 한탄했다 합니다. 다산 정약용도 절름발이 걸음으로 게를 줍는 시늉을 하고 수리부엉이 울음을 흉내 내는 일 등 선배들이 시키는 우스꽝스러운 행동을 하지 않아 미움을 샀다고도 합니다.

최근에 갑질이 화두가 되다 보니 어느 조직에서 크고 작은 장(長)의 직위를 갖게 되면 평상시 자신의 행동이 갑질로 비추어지지 않을까 노심초사하게 됩니다. 서울 모 경찰서 과장 근무 시 지구대·파출소 팀장님들에게 당시 혁명적 신상품인 스마트폰의 유용성을 강조하면서 "앞으로 카톡으로 소통을 하게 되면 팀장님들이 정말 귀찮아하시는 주 1회 경찰서에 들어와 교양 받는 일은 없을 것이며 이것이 정착되면 지구대·파출소에 근무일지가 없어질 것이다"는 폭탄선언(?)을 하게 됩니다. 당시 팀장 36명 중 스마트폰 소유자는 6명, 카카오톡 활용자는 3명이었는데 모두의 머리를 지끈지끈 아프게 했던 못된 과장(?)의 요구사항이 3개월 후 이행되었고 마지막까지 버티던 모 팀장님은 따님에게 개인지도를 받은 후 그 과장이 간간이 카톡으로 보내주는 좋은 자료를 수시로 보게 되어 정말 고맙다며 거한 점심까지 사셨습니다.

부하 직원들은 상사 유형을 이렇게 나누고 있습니다. 본인의 기분에 따라 왔다 갔다 하는 기분파 형, 책임을 회피하는 미꾸라지 형, 이랬다 저랬다 수시로 변하는 변덕쟁이 형, 사사건건 감시하는 지적질 형, 상관의 의견에 무조건 맞추는 예스맨 형 등을 최악의 상사로 꼽으며 반면에 공과 사가 명확하고 칭찬과 격려를 아끼지 않으며 늘 경청하면서 일할 맛 나는 팀웍을 만들기 위해 노력하는 상사, 지시보다는 '넌지시' 알려 주는 여유와 유머가 넘치는 지혜롭고 슬기로운 그런 상사를 최고의 상사로 인정하고 있습니다. 연말이 되면 재산등록을 하고 연말정산을 하게 됩니다. 상급자가 자기 손으로 연말정산이나 재산등록을 하지 못하고 자신이 보고해야 할 프리젠테이션을 위한 PPT작업을 온전히 부하 직원의 손을 빌린다면 그 직원을 절대로 함부로 해서는 안 될 것입니다.

직장에서 갑질을 하는 사람들의 언행을 살펴보면 승진에 목이 매이거나 코 앞인 사람, 이기적이고 욕심이 많고 똑똑한 척하는 사람, 나서기 좋아하고 상사의 신임이 크다고 착각하는 사람, 자신의 실수를 인정하지 않는 사람 등이 갑질을 할 수 있는 개연성이 높다고 생각합니다. 이들은 공통적으로 이런 말을 합니다. "쟤, 내가 데리고 있는 직원인데…, 쟤, 내가 데리고 있었는데…" 부하직원, 후배 직원은 나랑 같이 근무하는 소중한 동료이자 파트너이지 데리고 있는 대상은 절대 절대 아닙니다. 이런 말투를 쓰는 상사가 정년퇴직 후 데리고 있을 대상은 '말 잘 듣는 반려견'밖에 없다는 사실을 알아야 할 것입니다.. 상급자의 덕목은 설명보다는 설득으로,

티칭보다는 코칭으로, 때문에보다는 덕분에'라는 말과 행동이라고
생각합니다.

안자지어 등라계갑(晏子之御 藤蘿繫甲)
. . . .

자신이 안영인 양 거들먹거리는 안자지어보다는 큰 나무와 작
은 나무가 서로 믿고 의지하며 존중하고 배려하는 등라계갑의 자
세야 말로 2024 갑진년, 갑질 없는 한 해를 만들 수 있을 것이라
생각합니다.

21

궁한 사람은 잡아주어야

궁부자진(窮不自振)
대인이기(待人以起)

사회적 약자인 환과고독(鰥寡孤獨)으로 분류되는 이들은 너무도 궁핍하여 스스로 일어날 수 없으므로 국가나 사회의 지원으로 도와주어야 한다

— 목민심서 애민 조항 '진궁'

窮 궁할 궁, 不 아니 불, 自 스스로 자, 振 떨친 진
待 기다릴 대, 人 사람 인, 以 어조사 이, 起 일어날 기

다산은 목민심서에서 환과고독(鰥寡孤獨) 즉 홀아비, 과부, 고아, 홀로사는 사람은 가장 궁한 부류로 이들은 홀로 일어서기 어려우니 옆에서 도와주어야 한다고 말합니다.

현대에서 사회적 약자란 상대적인 개념으로 시대와 문화에 따라 다를 수 있으나 주로 아동, 노인, 여성, 장애인, 미성년자, 다문화 가정, 북한이탈주민, 범죄 피해자, 빈곤층 등 신체적 문화적 특징 이나 경제적인 이유 등으로 불리한 환경에 놓이거나 차별 대우를 받는 사람들, 자신이 다수의 사회 구성원들과는 다른 대상임을 인식하는 사람들로서 배려, 보호, 지원 등이 필요한 대상을 말합니다.

먼저 아동의 이야기입니다.

조선시대 자유영전(慈幼令典)이라 하여 '백성이 곤궁하면 자식 을 낳아도 거두지 못하니 가르치고 길러서 내 자식처럼 보호하라, 흉년이 들면 기아(棄兒)를 물건 버리듯 하니 거두고 길러서 그들의 부모가 되라, 기세(饑歲)가 아닌데도 아이를 버리는 자가 있다면 수 양해 줄 사람을 골라서 그 양식을 관(官)에서 보조하여야 한다'고 하여 법으로 어린이를 보살폈으며 현재에도 유엔아동권리협약을 바탕으로 아동복지법상 아동을 18세 미만으로 정하고 이들은 더 자라나고, 발달하고, 커야 하는 존재이며 성별, 외모, 피부색, 종교 등에 관계없이 차별해서는 안 되며 건강, 안전, 환경, 교육과 정서 적·신체적·도덕적 성장의 발달권과 표현의 자유와 참여권을 보장하여야 하며 이들을 보호하기 위해 각종 법령 제정 등 다양한 아동 안전 시스템을 마련하고 있습니다. 하지만 이러한 여러 법령과 제도가 존재하는 상황에서 아동학대로 인한 사건이 하루가 멀다 하게 나오고 있습니다. 양부모가 생후 16개월 된 '정인' 양을 상습적으로 폭행 학대하여 숨지게 한 사건을 비롯해서 20대 엄마로부터 사흘 동안이나 방치된 두 살배기가 한겨울 주검으로 발견되고, 홈 스쿨링을 한다던 5학년 초등생이 계모와 친부로부터 구타를 당해 집에서 온몸에 멍이 든 채 사망하는 등 한 해 동안 학대로 숨지는 아이들이 40여 명이라고 하지만 실제는 4배 이상이 될 것이라는 언론 발표에서 보듯이 아동학대 방지시스템의 허점이 여기저기 드러나고 있습니다.

65세가 노인일까요?

1981년 제정된 노인복지법 제2조 '기본이념'을 보면, '노인은 후손의 양육과 국가 및 사회의 발전에 기여하여 온 자로서 존경받으며 건전하고 안정된 생활을 보장받는다'라고 되어 있으며 제26조 '경로우대'조항을 보면 '65세 이상자는 국가시설 등을 무료로 이용'하게 하는 등 경로자를 우대를 하도록 규정해 놓고 있습니다. 노인 현황을 보면 2022년 65세 이상은 901만 명으로 14세 유소년보다 300만 명이 더 많고 2025년에는 고령사회를 넘어 초고령 사회로 접어들어 1천만 명에 이르며 2050년대는 전체 인구의 40%가 노인이 될 것이라고 발표하고 있습니다. 사람이 나이를 먹었다고 차별 받아서는 안 되며 인간답게 생활할 수 있는 권리가 분명 있습니다만 이렇게 점점 늘어나는 우리나라 노인들이 처한 상황과 사회적 인식은 노인복지지수 OECD 34개국 중 33위로 최하위에 머물러 있는 통계를 보듯이 암울한 실정입니다. 이 노인들은 일제 강점기와 한국전쟁, 그리고 산업화 시대를 거치며 온갖 고초를 견디면서 국가, 사회, 가족을 위해 최선을 다해 왔으며 그 결과로 지금 우리가 이렇게 풍요를 누리며 살고 있다는 생각을 잊으면 안 될 것입니다.

여성도 사회적 약자입니다.

과세불혼취자 관의성지(過歲不婚聚者 官宜成之), '20세가 되어 과년하도록 혼인을 못한 사람은 관에서 성혼시키도록 서둘러 주어야 한다' 목민심서 '진궁' 편에 나오는 이야기입니다. 여성의 지위는 고려 시대에는 일부일처제를 지키며 이혼과 재혼이 자유스러웠고 남녀 동등하게 재산을 물려받는 균분 상속에 대한 의무로 윤행봉사라 하여 제사도 번갈아 지낼 정도로 남녀 차별이 없는 개방적이고 진보적인 사회였습니다. 그러나 조선 중기 이후 유교 사상이 자리 잡기 시작하면서 남녀 차별이 심해졌고 삼종지덕이라 하여 여성은 평생을 아버지와 남편과 아들에게 의탁하는 것이 숙명으로 사회적 활동이 원천적으로 차단되고 출가외인, 칠거지악, 여필종부, 일부종사 등 여성의 인권이라고는 찾아볼 수 없는 글귀만 널려 있던 시대였습니다. 영화 '82년생 김지영'을 보면 전업주부인 김지영

이 평범한 일상 속에서 여성들이 겪고 있는 보이지 않는 수많은 차별을 묘사한 내용이 많은 사람들의 공감을 살 정도로 여성들은 여전히 안전에서 위협받고 있고 채용이나 임금, 승진 등 차별 의식이 지금까지 계속되고 있습니다.

저희 동네도 여자는 초등학교나 그나마 중학교만 졸업시키고 객지로 보내서 가정부를 하거나 생산공장에 다니거나 오빠 동생 뒷바라지를 하도록 하는 것이 일반적인 모습이었습니다. 어느 집안 누나는 중학교 졸업 후 서울로 올라가서 공장에 다니랴, 오빠 동생 뒷바라지하랴 눈코 뜰 새 없이 바쁘고 가난하게 사느라 옷 한 벌로 3년을 사셨다는 이야기를 들었습니다. 또 다른 누나는 딸만 둘 낳았다고 아들 낳은 동생네와 비교하면서 스스로 눈치를 보며 살아오면서 혼자 서러워 눈물도 흘렸다는 이야기를 들었습니다. 이 분들, 이제는 좋은 세월로부터 큰 보상 다 받았다고 합니다. 한 분은 원하는 학업을 다 마치고 모 구청 풍물단 지도자 등으로 왕성한 봉사활동을 하고 있고 자식들은 교사와 공무원을 하면서 효성이 지극하고 또 한 분은 두 딸을 국내 최고대학에 입학시키는 등 지극 정성으로 키워 내서 큰딸은 변리사로 작은딸은 의사로, 사위 둘은 이름만 대면 웬만한 사람은 다 아는 대한민국 최고의 의사로 대단한 역할을 하고 있습니다.

장애인 이야기입니다.

장애인에 대해 사회적, 문화적, 개인의 편견 등 부정적인 면에서

장애인을 바라보고 평가하는 것을 장애인 차별이라 하며 이런 장애인에 대해 신체적, 정서적, 경제적, 성적 학대와 유기, 방임 등으로 괴롭히는 것을 학대라 합니다.

매년 4월 20일 '장애인의 날'이 되면 이분들은 장애인에 대한 차별을 없애달라며 관련 기관 앞에서 집회를 하게 되는데 한번은 제가 현장 집회를 관리하면서 휠체어를 타신 분들을 위해 장애인용 화장실을 충분하게 확보해 드린 아주 작은 배려가 이분들에게는 큰 감동을 주었다는 이야기를 들었습니다.

궁부자진 대인이기(窮不自振 待人以起)

우리는 이제 아동, 노인, 장애인, 다문화 가정이나 북한이탈주민 등 우리 주위의 사회적 약자에 대해 편견과 차별, 선입견을 버리고 각자의 삶의 방식을 존중하면서 그들의 고통에 공감하면서 함께 살아가는 것이 건강한 시민의 의무임을 잊지 말아야 하겠습니다.

22

양성평등,
홍임의 슬픈 천리길

일시동인(一視同仁)
독근거원(篤近擧遠)

*모든 사람을 평등하게 똑같이 보고 똑같이
사랑하며 가깝고 먼 것을 모두 거두어들인다*

— 한유(韓愈) '원인'

一 한 일, 視 볼 시, 同 한가지 동, 仁 어질 인
篤 도타울 독, 近 가까울 근, 擧 들 거, 遠 멀 원

양성평등이란 여성과 남성이 성별과 무관하게 교육, 직업, 경제활동, 정치참여 등 모든 면에서 동등한 기회와 권리를 갖도록 보장받아야 하고 동일한 급여를 받는 등 공정한 대우와 함께 가정에서도 남녀가 조화롭게 생활하는 것을 말합니다.

비교적 남녀 차별이 심하지 않았던 고려시대에 비해 조선시대에는 성리학이 생활 규범으로 정착되면서 재혼이 금지되고 양반네는 축첩까지 하는 등, 여성으로서 암울한 시대가 시작되어 지금까지 그 잔재가 남아 이 시대의 화두로 '양성평등'이 등장했다고 생각합니다.

다산 선생은 강진 유배 중 주막집 주모로부터 "부모의 은혜는 다 똑같은데 왜 아버지를 중히 여기고 어머니에 대한 대접은 함부로 하는 것입니까?"라는 질문을 받자 "어머니가 길러준 은혜도 한없이 깊지만 아버지의 은혜라고 하는 것은 하늘이 만물을 처음 있게 한 것과 같으니 그런 게지요"라고 이해불가한 답을 하였다는 이야기를 들었습니다. 차마 슬퍼서 아직도 마지막까지 읽지 못하고 있는 정찬주 작가가 쓴 『다산의 사랑』이라는 소설을 보면 다산은 18년 동안 전남 강진에서 유배 생활을 하던 중 남당포 탐진강 언저리에 사는 정진솔이라는 여성을 옆에 두고 병약한 몸을 추스르는 등 온갖 수발을 다 받고 왕성한 저술 활동을 하면서 둘 사이에 홍임이라는 여자아이를 낳게 됩니다. 다산이 1818년 해배가 되어 고향인 경기도 양주군 마재로 떠나고 나서 얼마 후 정진솔과 다섯 살 난 딸

홍임이 천릿길을 걸어 다산이 사는 마재로 가지만 어떤 이유인지 얼마 있지 못하고 두 모녀가 다시 천릿길을 걸어 다산 초당으로 와서 살게 됩니다.

두 모녀가 다산과 살던 짧은 시간을 뒤로 하고 마재를 떠나는 날, 다산은 그 모습을 보지 않고 집에 없었다는 내용을 얼핏 보면서 정말 슬퍼지려 합니다. 남당 정씨는 다산 초당으로 온 후에도 매년 차를 따서 다산이 사는 마재에 보냈다는 이야기에 더 슬퍼집니다. 이렇게 순종만을 강요당하던 여성들의 불합리한 당시의 시대상을 생각하면서 이에 맞서 용감하게 목소리를 내었던 사건을 살펴보았습니다.

1898년 9월 1일 서울의 북촌 양반 여성인 이소사, 김소사는 고종에게 여학교 설립을 요구하는 상소인 '여학교 설시통문'을 발표하였으며 정부는 이 날을 기념하여 매년 9월 1일을 '여권 통문의 날'로 기념하고 있습니다.

1927년 여성에 대한 사회적·법률적 차별 철폐, 조혼 폐지, 결혼 자유 등 봉건적 굴레를 벗기 위한 여성 해방과 독립운동을 하기 위해 설립한 단체인 '근우회'는 일본·만주 등 해외에 지부를 두는 등 활발하게 여성운동을 전개하였습니다.

1931년, 평양소재 평원 고무공장 여공으로 일하던 '강주룡 열

사'는 일제와 결탁한 자본주의자들이 노동자 임금 17%를 삭감하자 평양 을밀대 지붕에 올라 고공 투쟁으로 여론을 환기시켰습니다.

2008년에는 1950년부터 시행되던 호주제 폐지와 더불어 호적 제도가 역사 속으로 사라지고 '가족관계등록부'가 도입되었습니다.

서양의 여성 차별 역사를 보면 '모든 인류는 평등하다'는 천부인권설을 주장하며 프랑스 혁명의 불씨를 당겼던 루소마저도 "여성은 비이성적인 본성 때문에 정치적인 삶에 적합하지 않으므로 남성에게 종속되어야 한다"라고 말하고 있습니다. 18세기 남편을 살해한 여성을 법정에 세울 것인가? 말 것인가?를 고민하던 시대부터 19세기 초까지도 영국을 비롯한 대부분의 국가는 여성은 법외적 인간일 뿐 아니라 남성의 성적 대상이며 단지 자식을 낳고 집에서 일만 해야 하는 인간 이하의 사람으로 취급하였습니다.

남아프리카에서 가장 용맹스런 코이코이족 부족장 딸인 사라 바트만은 아버지와 약혼자가 정복자들에게 살해당하는 슬픔 속에 유럽으로 팔려가 백인들 앞에서 춤을 추다 알콜중독으로 사망하자 150여 년간 프랑스 박물관에서 뇌와 생식기가 분리된 석고화 된 시신으로 인종 전시를 당하다가 다이아나 퍼러스의 '나 당신을 고향에 모시러 왔나이다'라는 간절한 시와 넬슨 만델라 등의 강력한 반환 요구로 170년 만인 2002년에야 고국의 땅에 묻히는 슬픈 주인공입니다.

1789년 프랑스 대혁명 당시 발표된 '인간과 시민의 권리선언'에 빗대 1791년 '여성과 시민의 권리선언'을 주도했던 올랭프 드 구즈는 "여성도 평등의 상징이라는 단두대에 올라갈 권리를 가지고 있는 것과 마찬가지로 역시 연단에도 올라가 연설할 권리를 가져야만 한다"고 주장하다 단두대의 이슬로 사라졌습니다.

노예제 폐지와 여성 참정권 운동을 이끌었던 미국 사회개혁가 수전 앤서니는 제18대 미 대통령 선거일에 당시 여성으로서 불법인 투표를 감행, 격분한 한 남성의 고발로 기소돼 100달러의 벌금형을 선고받고 "여성도 사람입니다"라는 유명한 연설을 하면서 미 전역을 돌았으며 영국 민권운동가이며 정치인인 애멀린 팽크 허스트는 런던 다우닝가에서 몸으로 알파벳을 만들어 시위를 하거나 국왕 조지 5세의 경주마에 에밀리 데이비슨이 달려드는 사건을 일으키는 등 "영국 여성들도 잔 다르크처럼 자유를 위해 투쟁하고 있다"고 외치면서 격렬한 여성 참정권 운동을 전개하였으며 프랑스의 실존주의 철학자로 『제2의 성』을 저술한 시몬느 드 보봐르는 "여성은 여성으로 태어나는 것이 아니라 여성으로 만들어진다"라는 명언을 남기며 낙태죄 폐지 등 세상의 모든 여성들이 누리는 지금의 권리는 '보봐르 덕이다'라는 이야기의 주인공입니다.

이렇듯 동서양 모두 여성의 권리를 위해 끊임없는 투쟁을 해 왔음에도 아직도 우리 사회에서 양성평등이라는 거대 담론을 안고 있는 것이 사실입니다.

미디어 속 오늘에서는 드라마 등에서 무의식적으로 성차별 발언이나 상황을 방영하고 있으며 국내 영화 속 여성 캐릭터 모습에서는 성폭력, 성차별이 상존하고 있습니다.

일상 언어에서도 저출산(저출생), 미혼(비혼), 학부형(학부모), 유모차(유아차), 여선생·여학생·여경·여군(선생·학생·경찰·군인), 편부·편모(한부모), 친할머니·외할머니(세종할머니·서울할머니) 데이트 폭력(교제 폭력), 몰카(불법촬영) 등 성차별 용어가 난무하고 있는 것을 볼 수 있습니다.

일시동인 독근거원(一視同仁 篤近擧遠)

누군가에게 불편함을 강요하는 보이지 않는 기준들을 남성·여성이 아닌 모든 이용자 중심으로 기준을 세우는 것, 이것이 양성평등의 시작입니다. 또한 모든 사람을 똑같이 보고 똑같이 사랑하며 가깝고 먼 것을 모두 거두어들이면서 각자가 가지고 있는 모든 다양성을 시대정신으로 승화시켜야 할 때라고 생각합니다.

23

양성평등 또 하나
역지思지 역지四지

역지사지(易地思之)

역지사지(易地四之)

상대의 처지나 형편에서 생각하고 이해하는 자세를
갖추면서 역지4지(가.감.승.제) 네 가지를 실천해야
한다

— 맹자 '이루 하편'

易 바꿀 역, **地** 땅 지, **思** 생각할 사,
四 넉 사, **之** 갈 지

양성평등을 위한 성인지 감수성을 함양하기 위해서는 상대의 처지나 형편에서 생각하고 이해하는 역지사지(易地思之)의 자세를 견지하기 위해 네 가지 즉, 역지4지(易地四之)를 실천해야 합니다. 성인지 감수성이란(gender sensitivity) '성별 간의 불균형에 대한 이해와 지식을 갖추어 일상생활 속에서 성별 고정관념과 성차별적 요소를 감지해 내는 민감성'을 말하며 최근 대두되는 여러 성범죄에 단골처럼 따라다니는 대안이 성인지 감수성 함양이라고 할 수 있습니다. 이 용어는 1995년 중국 베이징에서 열린 제4차 유엔 여성대회에서 사용된 후 국제적으로 통용되기 시작했습니다.

국내에서는 2000년대부터 정책이나 예산 편성 등에서 양성평등을 위한 용어로 사용되기 시작했으며 법조계에서는 주로 성범죄 사건 중 피해자 입장에서 사건을 바라보고 이해해야 한다는 취지의 용어로 사용되고 있습니다.

우리가 지금까지는 '성인지 감수성'이라고 표현해 오고 여가부에서도 '성인지 감수성'이라고 쓰고는 있는데 감수성이라고 하면 어느 한 사람의 감정, 감각의 영역으로 느껴지는 것 같아서 이제는 양성평등을 실천함에 있어서 개인이 성찰하고 역량을 기르는 노력을 하여야 하는 시점이므로 앞으로는 '성인지 감수성' 보다는 '성인지 감수력'이라고 표현해야 한다는 개인 생각도 가지고 있습니다.

그러면 우리 공직자들이 업무를 수행하면서 어떻게 하면 '성인지 감수력'을 향상시킬 것인가?

저는 이를 고민하다가 동료 직원으로부터 아이디어를 얻은 사칙연산을 응용해서 성인지 감수력은 더해주고 성별 차별적 요소는 빼주고 양성평등 의식은 곱해주고 다양성을 인정하는 가운데 피해자의 고통을 나누어 주면서 이를 현장에 접목시키는 방법을 생각해 보았습니다.

◆ 첫 번째는 성인지 감수력을 더해보는 것입니다

우리가 일상생활을 하면서 피아노 건반은 왜 남성의 평균 손가락 길이에 맞추어져 있고, 싱크대는 왜 여성 평균 신장에 맞추어져 있고, 아직도 어느 휴게소에는 여자 화장실에만 아기 기저귀 교환대가 있는 것 등 이러한 성별 간의 불균형과 성별 고정관념과 성차별적 요소를 감지해 내는 민감성을 간과하면서 살아가고 있는 게 현실입니다. 그동안 무심하게 지나친 것에 대한 문제 의식을 갖는 것, 사회적 약자에 대한 시각을 양성평등의 관점에서 바라보는 것 등이 성인지 감수력 함양의 출발이며 성인지 감수력을 더해주는 일이라고 생각합니다.

◆ 두 번째는 성 차별적 요소를 빼는 것입니다.

그동안 경찰이란 단어는 영어로 'Police man'이라고 불리워 오다가 지금은 man을 뺀 'Police'라고 합니다. 그렇다면 man이라는 단어 하나를 제거했다고 성차별이 없어졌을까요? 대규모 집회 현장에서 소위 '립스틱 라인'이라고 하여 여성 경찰을 전면에 횡대로 세워서 집회를 관리했던 적도 있었고 제복을 입고 성폭력, 학교폭력, 가정폭력 등 4대악 추방한다고 여성 경찰관들을 홍보 맨으로 전락시킨적도 있었고 이취임식이나 업무 협약식 등 행사장에서는 여성 경찰이 이른바 도우미를 도맡아야 했던 시절도 있었습니다. 이러한 성차별적인 역사에 더해서 어떤 부서장은 '남자들은 씨를 뿌리는 입장이다 보니 여자에게 성적 매력을 느끼는 게 다양하다'는 어처구니 없는 교육을 하는가 하면 수사관이 성범죄 증거물을 본 느낌을 인터넷에 올려 시민들에게 비난을 받고 있는 등 아직도 성인지 감수력이 심히 저하되고 있는 현실을 이제는 걷어내야 하는 시점이라고 생각합니다.

◆ 세 번째는 성인지 감수력을 곱하는 것입니다.

일상 경찰의 업무 중 성인지 감수력이 심히 떨어지는 사례를 살펴보겠습니다. 경찰은 범죄예방을 위해 다양한 홍보와 캠페인을 진행합니다. 해수욕장에 가면 '더위만 피하지 말고 범죄도 피하세요'라는 포스터를 게시한 적이 있었는데 자세히 보면 피해자가 조심해야 할 내용으로 가득한데 이는 사건의 책임을 피해자에게 지우고 2차 가해를 할 수 있는 위험성이 있으므로 차라리 피해를 당했을 때 신속한 신고 및 대처 요령을 알려 주는 게 더 유용하다고 생각합니다. 지하철 에스컬레이터 불법 촬영 피해를 막기 위해 옆으로 서기 캠페인'을 진행한다고 하는데 피해자에게 옆으로 서서 올라가라는 권유보다는 가해자에게 강한 압박을 하던가 원천적으로 불법 촬영을 할 수 없는 시스템을 구축해 놓는 것이 올바른 접근방법이라고 생각합니다.

◆ **네 번째는 다양성을 존중하면서 피해자의 고통을 나누어 주는 것입니다.**

이전에 범인 검거와 범죄자 처벌이 우선시 되었다면 이제는 사회적 약자 보호와 범죄의 사전 예방이 더욱더 중요한 시점입니다. 여기서 더 중요한 것은 피해자를 보호하기 위해서는 피해자의 눈높이에 맞추는 것입니다. 국적, 인종, 성별, 연령, 혼인유무, 성정체성, 체류관계 등을 넘어서서 오로지 피해자를 보호하는 데에 중점을 두어야 합니다. 이것이 다양성의 존중입니다. 양성평등은 크로스 커팅 즉 범 분야 이슈이며 그 자체가 우선순위 중 최상의 목표가 되어야 되어야 하는 끝없는 백업 작업입니다.

역지사지 역지사지(易地思之 易地四之)

양성평등을 위해서는 늘 상대방의 입장이나 처지를 이해하면서 성인지 감수력은 더해주고 성차별적 요소는 빼주고 양성평등의식은 곱해주고 다양성을 인정하면서 피해자를 적극적으로 보호해 주는 노력을 끊임없이 경주하는 것만이 답이라고 생각합니다.

24

시행착오 방지턱
복명복창

복명복창(復命復唱)
각답실지(脚踏實地)

상급자가 내린 명령이나 지시를 다시 한번 더 확인하
고 시행착오 없이 일을 수행하기 위해서는 발로 뛰며
현장을 확인한다

– 소백온 '소씨견문록'

復 다시 복, **命** 목숨 명, **復** 다시 복, **唱** 부를 창

脚 다리 각, **踏** 밟을 답, **實** 열매 실, **地** 땅 지

복명복창을 가장 중요하게 여기는 곳은 군대이며 그 중에서도 포병, 공병, 탄약병 등 사고가 다발할 위험성이 농후한 병과일 것이며 이를 확실히 하기 위해 '일, 이, 삼, 사'가 아닌 '하나, 둘, 삼, 넷'이라고 부르기도 합니다. 복명복창은 꼭 위험한 환경에서만 필요한 것이 아니며 음식점이나 카페에서 직원이 주문을 받을 때, 소리 내어 확인하는 것도 넓은 범위의 복명복창이라고 할 수 있습니다. 6·25 전쟁 당시 제 고향인 세종시 반곡동 앞 금강 방어선 전투에서 복명복창이 제대로 이행되지 않았을 것이라는 저 나름의 추측하에 20분이라는 시간이 허비되어 결국 전투에서 큰 실패를 겪은 사례를 소개합니다.

육군본부 군사훈련소 자료에 보면 '공주-대평리 전투' 또는 '금강 방어선 전투(Battle of the Kum River)'는 1950년 7월 13일부터 7월 16일까지 미군 딘 소장이 지휘하는 제24보병사단과 국군 독립기갑연대 기병 중대와 북한군 제3, 4사단 및 제105전차사단이 세종의 3산 2수인 원수산과 전월산 및 괴화산, 그리고 금강과 미호강 사이 금강 방어선에서 벌인 전투를 말합니다. 이 전투는 7월 12일에 금강을 건너 그 남안으로 철수하게 된 제24보병사단 제19연대(Meloy 대령)가 금남면 발산리에 지휘소를 설치하고 대비하는 과정에서 7월 15일 북한군의 금강 도하 공격이 시작되었고 7월 16일 새벽 03:00부터 금강 상공에 북의 YAK기 1대가 나타나 조명탄을 투하하면서 시작되었습니다. 이 전투에서 결정적인 패착은 당시 11포병 대대의 155mm 곡사포 1문이 제1대대장의 지휘하에 조명 지원만을 전담하였는데 대대가 이 포의 조명지역에 약간의 수정을 요구했는데 이를 이행하기 위해서는 보통 1∼2분이면 되는 이 요구를 과다하게 잘못 이해한 결과 포의 가신을 이동하면서 방위각을 수정하게 되었습니다. 이로 인해 20여 분이나 조명 지원이 중단되고 금강 지역이 칠흑의 어둠에 덮이게 됨으로써 그 기회를 틈탄 북한군이 작은 배나 뗏목을 이용, 도하를 감행합니다. 그리고 04:00경 합강리(괴화산 동북쪽 3.5km) 부근에서 강을 건너 우회하여 괴화산 정상에 본부를 두고 있던 C중대(Henryll 중위)를 공격하여 중대원 122명이 전사하였으며 이로 인해 대평리가 적의 수중에 들어가게 되었습니다. 후에 미8군 사령관까지 역임한 19연대장 멜로이 대령은 "제2차세계대전 당시에도 경험한 바 없는 치열한 전투였다"고 술회하였다고 합니다.

이런 사례를 보듯이 명령이나 지시를 제대로 이행하기 위해서는 다시 한번 더 확인하는 습관이 무엇보다 필요합니다. 급한 성격으로 실패한 사례와 여유를 갖고 차곡차곡 계획을 세워 결국 대업을 성공한 일본의 사례입니다.

일본 전국시대 통일 기반을 마련한 오다 노부나가는 평소 불같이 급한 성격의 소유자로 자기 의견에 반대하는 자를 가차 없이 처단하는 기행을 저지르면서 결국 그로부터 멸시와 놀림을 당하던 가신인 아케지 미츠히데에게 살해를 당하게 됩니다. 노부나가의 이러한 예측 불허의 성정을 간파하면서 평소 자신의 입지를 다져가며

호시탐탐 기회를 노리던 히데요시는 노부나가가 혼노사에서 살해 당했다는 소식을 접하고 바람처럼 달려가 마츠히데를 제거하고 이를 계기로 순식간에 일본 천하를 손에 넣게 됩니다. 하지만 종국에는 차분하게 인내하면서 은근과 끈기로 얻은 인심을 바탕으로 히데요시의 조선 침공 등 무리수에 거리를 유지하고 내실을 기하는 등 차곡차곡 세력을 기르던 도쿠가와 이에야스가 히데요시 사후 일본을 통일하고 에도 막부를 세우는 최후의 승리자가 됩니다.

'후다닥 거리지 마라' 제 선친은 성질이 급한 저보고 "우리 정환이는 다 좋은데 성질이 급해서 후다닥 거리는 게 문제다"라는 말씀을 종종 하셨습니다. 어느 일요일 오후 "술에 취해 흉기를 들고 주민을 위협하는 난동범을 검거했는데 그 과정에서 난동범이 휘두른 칼에 직원이 어깨를 다쳤다"는 보고를 듣자마자 저공 비행으로 달려가 상황을 파악하고 직원을 병원에 후송하고 보고를 마치는 등 마무리를 매끄럽게 하고 나니 그제서야 지구대장이 옵니다. 상황이 이미 끝나버렸기 때문에 사실 조금 늦더라도 지구대장이 처리하면 될 일을 성질 급한 과장이 먼저 출반주해서 나섰으니 중간 생략이 된 지구대장으로서는 난감하고 마음이 상했을 수도 있었을 겁니다.

어느 일요일 출근해서 슬리퍼를 신고 콧노래를 부르며 교통스티커를 정리하고 있는데 앞 형사계 사무실에서 '잡아라' 하는 소리가 들립니다. 반사적으로 튕겨 일어나 맨발로 2백미터를 쫓아가 대로를 건너 단독주택 쪽문에 숨어있는 도망자를 잡았습니다. 나중에 알고 보니 살인피의자인데 인계하는 도중 튄 사건이었습니다.

이 선행이 서장님에게 보고되어 전 직원 조회 시 검거 경위를 이야기하라고 해서 "그런 상황이 오면 다시는 그런 무모한 행동을 하지 않을 겁니다. 무서워 죽을 뻔했습니다"라는 무용담으로 전 직원을 웃겼던 적이 있었습니다. 저의 급한 성격으로 한 건 해낸 것입니다.

복명복창 각답실지(復命復唱 脚踏實地)

모든 일을 처리함에 있어서 확인하고 또 확인하는 자세와 한호흡 쉬면서 현장을 확인하는 치밀성을 보인다면 시행착오는 없을 것이라 생각합니다.

25

제갈 공명
촉의 황제가 될 뻔

국궁진췌(鞠躬盡瘁)
사이후이(死而後已)

목숨이 붙어 있는 한 온몸이 부서질 때까지
나라와 백성을 위해 충성을 다하겠다

- 삼국지 제갈량의 '후 출사표'

鞠 공 국, 躬 몸 궁, 盡 다힐 진, 瘁 병들 췌

死 죽을 사, 而 어조사 이, 後 뒤 후, 已 이미 이

제갈 량의 '후 출사표'에 나오는 이야기로 많은 정치가들이 수사(修辭)로 애용하는 말입니다. 지극 정성을 들이고 온 힘을 다 바쳐서 성공에 이른 이야기의 백미는 단연 촉나라 황제 유비와 제갈 량의 관계에서 잘 나타나 있습니다. 유비가 이렇다 할 지역 기반 없이 여기저기 떠돌던 시절, 초야에 묻혀 있는 27살의 어린 백면서생인 제갈 량을 세 번이나 찾아가 결국 군사로 삼아 천하 삼분지계를 이룬 '삼고초려'가 이 이야기의 으뜸이라 할 수 있습니다. 유비가 적에게 쫓겨 밤중에 산속을 헤매다 산골 초막에 하룻밤을 묵게되고 여기서 만난 사마휘 수경 선생은 천하를 얻으려면 자기 제자인 와룡과 봉추 두 사람 중 한 명만 얻으면 천하를 차지할 수 있다고 이야기합니다.

이 중 와룡인 제갈 량을 만나기 위해 온갖 정성을 기울인 이야기입니다. 사마휘의 말을 듣고 수소문 끝에 제갈 량이 사는 집을 알아낸 후 가을에 한 번 찾아갔으나 동자 한 명만이 집을 지키고 있어 만나지 못하고 이후 겨울에 다시 찾아갔으나 역시 만나지 못하고 이듬해 봄에 찾아가자 제갈 량은 낮잠을 자고 있었고 유비는 제갈 량이 깰 때까지 계속 기다리는 것을 본 장비는 "저렇게 무례한 놈이 있느냐" 불같이 화를 냈으나 유비의 눈짓으로 화를 삭이는 장면이 나옵니다. 잠에서 깬 제갈 량은 유비의 인품에 반하여 천하 삼분지계를 설파하면서 유비의 군사로 발탁되었고 유비는 제갈 량을 스승처럼 대접하는 것을 못마땅해 하는 관우와 장비에게 "내가 제갈 량을 얻은 것은 군신수어지교(君臣水魚至交) 즉 고기가 물을 얻은 것과 같다"며 불만을 잠재우게 되고 제갈 량의 도움으로 유비는 천하삼분지계를 이루어 촉의 황제가 됩니다. 죽음이 임박한 유비는 태자 유선에게 제갈 승상에게 절을 드리라고 하면서 부모처럼 모시라는 엄명을 내리고 또한 제갈 량에게는 태자 유선이 황제의 재목이 아니거든 당신이 황제가 되어 촉을 다스려 달라는 진정성이 약간 의심되는 유언을 하게 됩니다. 제갈 량은 유비 사후 선주와의 약속을 이행하기 위해 위나라를 토벌하러 떠나는 날 후주 유선에게 북벌의 당위성을 담은 출사표를 올리고 북벌의 길에 오릅니다. 유약한 후주 유선이 일국을 통치할 재목이 아니라는 것을 분명히 알면서도 자기 앞에 절까지 시키면서 잘 보필해 달라는 선제의 간곡한 청을 지키기 위해 무리수를 두면서까지 5번의 북벌을 감행하는 모습에서 제갈 량의 충정과 신의를 엿볼 수 있습니다.

국궁진췌 사이후이(鞠躬盡瘁 死而後已)

삼국지를 7번 이상 읽어 본 사람하고는 말도 하지 말라는 인생 지침서라 할 수 있는 이 책에 나오는 수많은 사람들의 행적 중 단연 으뜸은 제갈 량의 주군에 대한 충정이라고 할 수 있습니다. 하지만 제가 느끼는 제갈 량은 단지 유비 개인에 대한 충정이 아니라 당시 혼란했던 사회를 '천하 3분지계'로 안정시키는 것이야말로 도탄에 빠진 백성을 위한 길이라는 애민 사상에 입각한 백성에 대한 충정이라고 생각합니다. 우리는 이러한 제갈 량의 모습을 삼국지에서 찾아야 할 것입니다.

26

공직자의 연금술
소통과 화합

수화수채(受和受采)
화이불창(和而不唱)

진실한 성품을 지닌 사람은 평소 인간관계가
좋으며 남의 의견을 존중하며 대다수가 옳다고
하면 자기 고집을 부리지 않는다

— 예기, 장자 '덕충부'

受 받을 수, 和 고를 화, 受 받을 수, 采 캘 채

和 고를 화, 而 말 이을 이, 不 아니 불, 唱 부를 창

오랜 세월 경찰 살이를 하는 동안 어떻게 하면 무사 무탈하게 업무를 처리하면서 칭찬은 못 받아도 적어도 욕은 얻어먹지 말자라고 생각하며 그 실천 방법을 생각하다가 '소통화합'이야말로 가장 중요한 처세의 덕목이라 생각하고 기존에 많이 활용하는 신언서판(身言書判)이라는 사자성어에 더해 '소(疎), 금(禁), 자(自)'를 조어(造語)하여 후배들을 괴롭히는 데(?) 활용하였습니다.

그 중 소(疎) 이야기입니다.

백만 공무원 중, 허리에 실탄이 장전된 권총을 차고 대로를 걸으며 근무하는 공무원은 경찰관이 유일하며 이 위험하고 어려운 업무를 그나마 잘 헤쳐나가는 비결은 무엇보다 구성원간 소통과 화합이 가장 중요한 덕목이라고 생각합니다. 어느 직원은 자기 팀 분위기가 좋지 않다고 늘 여기저기 이야기하고 다니는데 사실 속을 들여다보면 그 사람 때문에 그 팀의 분위기가 가라앉아 있는 것을 자주 볼 수 있습니다. 아무리 어렵고 힘든 상황에 부닥쳐도 서로 존중하고 배려하면서 역지사지의 자세로 임한다면 힘든 일도 절반으로 줄어들 수 있습니다.

서울에서 치안 수요가 가장 많고 늘 자체 사고와 현장 조치 중 에러나 변수가 빈발하는 경찰서 근무 시 이야기입니다. 평소 존경하는 분이 서장님으로 오셨고 그분에게 침체된 경찰서 분위기를 말씀드리면서 소통하는 차원에서 인근 산에서 '산상 워크숍'을 하면 어떻겠느냐는 건의를 드려 전 직원이 산에 올라가게 되었습니다.

당연히 상명하복의 경직되고 수직적인 직장 분위기상 산에 올랐어도 자기들 '계'나 '팀'끼리 어울려 담소를 나누는 상황에서 이 불통의 분위기를 한방에 해결한 적이 있습니다. 머리숱이 별로 없는 서장님과 저는 같은 이마가 넓으신 외모의 몇몇 계·과장님을 자발적(?)으로 앞으로 나오시도록 해서 고개를 숙이는 퍼포먼스를 하였고 참여한 직원들과 고개숙인 간부들은 서로 얼굴을 보면서 박장대소와 함께 정말 화기애애한 분위기 속에서 산상 워크숍을 마치게 되었습니다.

이후 이 사건(?)과 사진은 '빛나는 육대머리'라는 별칭으로 두고두고 입가에 미소가 번지는 즐거운 이야기로 번져 나갔으며 그 후 그 경찰서 분위기가 정말 좋아졌을 뿐 아니라 현장에서 에러와 변수가 감소되는 효과와 더불어 평소 항상 성과평가에서 말번이었던 경찰서가 S급으로 고공 상승하였습니다. 윗사람이 먼저 나서서 수그리는 자세야말로 소통 화합의 가장 중요한 첫 번째 선결 조건이라고 생각합니다. 이 사건을 시작으로 어디를 가든 저의 숱이 별로 없는 모나지 않는 외모를 바탕으로 늘 낮은 자세를 보이는 저의 모습을 보고 후배 직원이 내부 게시판에 올린 글을 소개합니다.

거대한 난장이 김정환 과장님

수식어가 필요 없는 사람입니다.

머리숱이 좀 적어 모나지 않은 사람입니다.

웃음거리가 넘쳐나는 사람입니다.

당신은 사랑하기 위해 태어난 사람입니다.

당신은 사랑받기 위해 태어난 사람이 아닙니다.

그러나 모두에게 사랑받고 존경받을 수밖에 없는 진짜 이유는 자신을 한없이 낮추는 '거대한 난쟁이'이기 때문입니다.

– OO경찰서 경감 OOO

수화수채 화이불창(受和受采 和而不唱)

조직생활에서의 리더는 목에 힘을 주거나 어깨에 솜뭉치를 잔뜩 넣고 권위를 부르짖는 것보다는 스스로 무너지고 망가지면서 눈높이를 한없이 낮추는 모습이야말로 진정한 소통화합의 자세라고 생각합니다.

27

어떤 문제가
총명과 슬기를 이기겠는가?

기명차철(旣明且哲)

이보기신(以保其身)

자기의 일을 드러내 밝히고 지혜로움으로 자기 몸을 보존하다

– 시경 대아 편 '증민'

旣 이미 기, 明 밝을 명, 且 버금 차, 哲 밝을 철
以 써 이, 保 지킬 보, 其 그 기, 身 몸 신

공직자가 업무를 처리하다 보면 모든 일이 다 순조롭게 잘 풀리면 좋겠지만 그 과정에서 험한 산과 거친 강을 만나는 등 수도 없는 어려운 상황에 맞닥뜨리게 됩니다. 특히 현장 상황이 수시로 변하는 경찰의 업무는 365일 24시간 일촉즉발의 상황이 비일비재합니다. 현장의 급박한 상황을 보고 받고 "아 나는 누구? 여기는 어디?"라는 멘붕의 상태로 저공 비행해서 가던 시절이 주마등처럼 스쳐갑니다. 그때 뛰어갈 때의 심정은 "내가 현장에 도착하기 전에 제발 상황이 순조롭게 끝났으면 좋겠다"라는 간절한 기도를 하면서 가지만 안타깝게도 그 기도는 이루어지지 않은 적이 다반사입니다. 큰 사건이 나면 그날의 상황실장은 슬프게도 저였던 적이 정말 많습니다.

2011년 거대 폭우로 우면산 산사태가 나던 날 저는 새벽에 관 내인 신림동 저지대를 순찰하고 서울대 앞을 흐르는 도림천을 거슬러 올라가던 중 거대한 황토물이 점점 불어나는 것을 발견하고 무전기로 상황실에 고래고래 소리를 지르면서 양방향 교통통제를 지시하면서 차량 운전자를 하차시키는 무모한 행동(?)을 하기 시작합니다. 이 과정에서 거대 물살로 차에서 내리지 못하고 있는 임산부를 옆에서 구경하던 주민들과 함께 구출하면서 '나는 누구? 여기는 어디?'라는 생각과 함께 멍석만 한 오지랖을 펼쳤던 무모했던 행동을 생각해 보니 한편으로는 참 잘했다는 생각도 듭니다무지하게 추운 섣달 그믐 날 밤 11시 30분, 다리 아치에 어떤 사람이 올라가서 뛰어내리려 한다는 보고를 받고 무전으로 현장 조치를 하면서 "제발 내가 도착하기 전에 안전하게 내려왔다는 보고가 왔으면 좋겠다"라는 희망은 거품이 되고 본드가 된 도로를 피해 이 골목 저 골목으로 간신히 현장에 도착해 보니 다리 남쪽과 북쪽은 완전히 통제된 상태에서 출동한 경찰, 소방 등 현장 근무자들은 하릴없이 대교 아치만 바라보는 상황이었습니다. 랜턴을 위로 비추어 보니 아치 위 여기저기를 껑충껑충 뛰어 다니는 용감한 타잔 아저씨가 무언가 소리를 지르며 요구를 하는 것 같아 주위 소음을 줄이고 들어보니 경찰서장을 찾고 있었습니다. 순간 근무자들에게 타잔 아저씨한테 비추던 모든 랜턴을 제 이마를 비추게 하고 "내가 경찰서장인데 모든 이야기를 다 들어줄 테니 하산하라"는 메가폰 소리를 듣고 그 타잔 아저씨는 '저렇게 이마가 넓고 훤한 사람은 분명 경찰서장일 거야'라는 굳은 믿음을 안고 무사히 하산해서 상황을 정리하게 되었습니다. 물론 과장인 제가 한 단계 셀프 승진을 해서 경찰서장이 되었고 다음 날 서장님께 이실직고를 하면서 박장대소를 하였습니다. 아래 이야기는 자랑스러운 후배님들이 현장에서 어떻게 슬기를 발휘하는지를 잘 보여주는 사례 중 하나입니다.

오늘은 해외 연수를 마치고 복귀한 김 순경과 처음 함께 근무를 하는 날입니다.

상황 1

여기는 이태원, 신고자는 흑인으로 벌겋게 취한 눈으로 횡설수설, 이때 갑자기 한국인 여자가 나타나서 그 흑인에게 성추행을 당했다고 주장

상황 2

김 순경은 허리의 테이저건에 손을 올린 채 흑인에게 레이저(? 강렬한 눈빛) 발사, 이때 신고 외 타 차량 운전자가 순찰차 이동을 요구, 김 순경은 들은 척도 안 하고 계속 흑인에게 계속 레이저 발사 중

이 경사는 김 순경에게 순찰차 이동지시, 김 순경은 이 경사에게 "괜찮겠습니까?"라고 묻고 순찰차 이동 조치 후, 다시 그 자리로 와서 같은 자세로 계속 레이져 발사, 관련 신고 사건 특이 없이 종료.

이 경사 : 김 순경, 아까 그 주차장에서 다른 차량의 운전자가 순찰차를 이동시켜 달라고 할 때, 그냥 얼른 순찰차를 빼주지 왜 물어봤어?

김 순경 : 팀플레이 즉 팀 서바이벌 상황이었기 때문에 움직이지 않았습니다.

이 경사 : 팀플레이? 그게 뭐야~?

김 순경 :

"아까, 그 상황에서는 이 경사님이 술을 마신 흑인과 가까운 거리에 있었고, 그 거리에서 흑인이 칼이라도 꺼내서 이 경사님을 찌른다면 그 시간은 0.5초 이내의 상황이 될 것입니다. 그리고, 이 경사님이 그 흑인과 대화를 하고 있는 이상 제가 그 대화에 낀다는 것은 불필요한 행동입니다. 그 상황에서 저의 역할은 갑자기 그 흑인이 이 경사님을 찌르거나 폭행할 가능성에 대비해서, 테이저건의 사정거리 내에서 그를 지켜보면서 언제든지 건을 꺼내 쏠 준비를 하고 있었던 것입니다. 이것이 팀플레이입니다."

그렇습니다. 저는 오늘 후배에게서 제대로 한 수 배웠습니다. 우리가 같은 재질과 같은 모양의 제복을 입고 있다고 할지라도 사람은 누구나 나름대로 잘 할 수 있는 부분도 있고, 잘하지 못하는 부분도 있습니다. 서로의 개성과 장점, 단점을 잘 조합하여 화려한 '이태원 등불 팀'이 됩시다.

저는 다음 날 위와 같은 상황을 이 경사님으로부터 보고 받고 큰 박수를 드리고 수범 사례로 전파하였습니다.

기명차철 이보기신(旣明且哲 以保其身)

명철보신(明哲保身), 다산은 선(善)과 악(惡)을 분별하는 힘을 명(明)이라 하고 시(是)와 비(非)를 판별하는 힘을 철(哲)이라 하며 이

'明'과 '哲'을 분별하고 판별하는 능력을 길러주고 지켜주고 도와주는 것이 보(保)이며 공직자는 이 명철보신을 실천하는 것만이 슬기롭게 공직을 마칠 수 있는 지름길이라고 말하고 있습니다.

28

팀! 같은 곳을 보면서
같이 채워 나가요

이상동몽(異床同夢)
동주공제(同舟共濟)

어려움을 극복하기 위해서는 각자 다른 곳에 있어
도 같은 배를 타고 있다는 자세로 소통하면서 화합.
단결 해야한다

－남송 '진량', 손자 '구지 편'

異 다를 이, **床** 평상 상, **同** 한가지 동, **夢** 꿈 몽

同 같을 동, **舟** 배 주, **共** 함께 공, **濟** 물 건널 제

경찰 조직원은 오로지 시민의 생명·신체 보호 등 안전이라는 공동의 목표를 달성하기 위해 화합 단결 해야 합니다. 경찰의 업무는 이렇게 숭고한 목표를 등에 지고 높은 산을 넘어가는 형국이라고 해도 과언이 아닙니다. 그 산에는 험한 절벽도 있고, 무성한 나무도 있고, 무서운 동물도 있고 심지어 도적도 있을 수 있습니다. 이러한 어려움을 헤쳐나가기 위해서는 팀장과 팀원이 업무를 수행하는 과정에서 오로지 한 마음으로 화합하지 않으면 그 팀은 침몰의 위기를 맞을 수 있습니다. 팀장은 팀원을 자신있게 이끌어 나가고 팀원은 팀장을 믿고 따르는 아름다운 팀웍의 모습이야말로 시민의 신뢰를 얻을 뿐 아니라 팀과 조직 모두가 윈윈하는 결과로 답을 줄 것입니다. 팀웍이란 눈이 눈썹을 보지 못한다는 목불견첩(目不見睫)의 좁은 시각이 아니라 자신의 위치를 제대로 자각하면서 상대의 어려움과 허물을 덮어주면서 같이 상생하는 것이라고 생각합니다.

팀장의 머릿속을 한번 들어가 보겠습니다.

팀원은 늘 부족하고, 팀원 중에 신경 쓰이는 사람이 있으며, 내가 하는 교양이 팀원에게 잔소리나 갑질로 느껴지지 않을까? 걱정되기도 하고 왜 우리 팀 근무 시에만 골치 아픈 사건이 터질까? 속상하기도 하고 팀원의 에러로 내 신상에 문제가 될까 조바심도 나고 상습 민원인에 대해 정신적 스트레스가 너무 크며 팀원 간 갈등이 생겼는데 도저히 해결 방법이 없고, 왜 상급자는 우리 팀만 마땅치 않게 생각할까?라는 생각으로 자신감이 영 없어지기도 하고 근무

행태가 엉망인 저 팀원을 어떻게 해야 하나? 고민이 되기도 합니다.

그러면 팀원의 머릿속은 어떤가요?

팀장님이 늘 잔소리를 하시는데 도대체 저보다 인터넷이나 스마트폰을 더 잘 다루십니까? 출근 몇 번 늦고 무단 외출 몇 번 했다고 그렇게 과도한 질책을 하십니까? 제 복장이 어때서 그러십니까? 아무리 공무원이라지만 민원인에 대한 친절은 어디까지인가요? 업무 중 잠깐씩 주식이나 궁금한 동영상을 보는 게 그렇게도 나쁜 짓인가요? 팀장님은 늘 위만 쳐다보고 팀원들은 배려하지 않잖아요. 그래서 저는 시간만 나면 팀장님이나 마음에 들지 않는 직원들의 행태를 일일이 기록해 놓고 유사시 들이댈 것입니다. 이러한 팀장과 팀원이 있다면 그 팀은 어려운 상황을 더 어렵게 하게 되고 결국 그 피해는 오롯이 시민들에게 가게 될 것입니다.

제가 근무하던 경찰서 어느 지구대 팀장님은 병마와 싸우면서 휴직을 다 사용하고 어쩔 수 없이 복직한 동료 팀원을 위해 자진해서 그 직원 근무를 도맡아 하는 등 눈물겨운 선행을 하여 동료 팀원들의 귀감이 되는 모습도 보았습니다. 모든 애경사를 다 찾아다니면서 정을 듬뿍듬뿍 나누어 주시던 그 팀장님은 정작 본인의 가정적인 어려움을 단 한 번도 내색하지 않고 떠난 뒤에야 알게 된 일도 있었습니다.

이상동몽 동주공제(異床同夢 同舟共濟)

　어려운 일일수록 한마음으로 힘을 합쳐 같은 곳을 보면서 같이 채워 나가야 합니다. 이렇게 이상동몽 동주공제의 자세로 힘든 일을 나누면 어려움은 절반으로 줄고 성과는 배가 될 것이라 생각됩니다.

29

소 잃고도
외양간은 반드시 고쳐야

망우보뢰(亡牛補牢)
전거지감(前車之鑑)

소를 잃고도 외양간은 반드시 고쳐야 하며
그러한 실패를 교훈으로 같은 실수를 반복하지
않는다

— 유향 '전국책', 가의 '치문책'

亡 달아날 망, 牛 소 우, 補 기울 보, 牢 우리 뢰
前 앞 전, 車 수레 거, 之 갈 지, 鑑 거울 감

누구나 실수에서 자유로울 수는 없습니다. 중요한 것은 자신의 실수를 깨닫고 이를 고쳐나가는 것이 무엇보다 중요하다고 할 수 있습니다.

삼국지 이야기입니다.

후한 말기 역적 동탁을 처단하려다 실패하고 도망자가 된 조조는 부하인 진궁과 함께 자기 아버지 친구인 여백사의 집에 하룻밤을 묵게 되는데 잠결에 "묶어 묶어, 빨리 잡아"라는 소리를 듣고 자기에게 하는 말인 줄 알고 살며시 다가가서 모두 살해하고 그 집을 떠나오던 중 주막에서 술을 받아 오던 집주인인 여백사를 만나게 되는데 이때 여백사는 '지금 가족들이 조 장군을 대접하려고 돼지를 잡고 있을 텐데 왜 이리 일찍 떠나느냐'는 말에 가만히 듣고 있던 조조는 여백사까지 살해하게 되며 이런 조조의 잔인한 모습을 본 진궁은 조조를 떠나게 됩니다. 오나라 손권의 군사인 주유는 조조의 밀명을 받고 자기를 항복시키러 온 친구인 장간의 계책을 눈치채고 "우리는 어릴 적 친구니까 다른 이야기는 절대 하지 말고 옛날이야기만 하자"라고 하면서 하루 종일 술을 마시고 같이 자게 되는데 잠을 이루지 못하던 장간이 슬며시 일어나 주유 책상을 보니 조조의 부하인 채모와 장윤의 이름이 얼핏 보이는 '썼다 지우고 지웠다 쓴 편지'가 있어 이를 몰래 가지고 돌아와 조조에게 보고하자 당연히 조조의 수군 총사령관인 채모와 장윤의 목은 날아가 버렸습니다. 자신의 실수를 가장한 주유의 술책에 걸려든 장간과 조조는 다시는 회복할 수 없는 큰 실수를 하게 되고 결국 약해진 조조의 80만대군은 제갈 량과 주유가 손잡고 찌놓은 기가막힌 연환계와 화공술에 걸려들어 대 참패를 하게 됩니다.

주워 담지 못하는 실수는 사양해야 합니다.

옛날 진압훈련 시 지휘관이 앞에 나가 부대를 지휘하면서 제일 먼저 해야 할 구령은 "빼어 봉!"인데 봉을 빼라는 구령은 생략하고 두 번째 구령인 "앞에 봉!"을 먼저 하는 바람에 죄 없는 대원들은 재검을 위해 뙤약볕 밑에서 또 훈련을 해야 했습니다. 어느 기관에서는 매월 명사를 초청하여 좋은 말씀을 들은 후 이어서 기관장이 아주 아주 긴 훈화를 하게 되는데 이때 명사를 위해 준비한 물컵을 미처 교체하지 못한 실무자의 실수로 같은 컵에 남아 있는 물을 다 마신 그 기관장님! 지금도 그 사실을 까마득히 모르고 계실 겁니다. 단하에 앉아서 집중·경청하던 350여 직원들은 다 보았습니다. 명사가 입을 댄 그 지점에 그 기관장님이 입을 대고 물을 마시는 것을...

매년 낙방을 거듭하던 수험생이 시험을 마치고 실실 웃으며 나옵니다. 이를 본 아버지는 "아 이번엔 시험을 잘 보았나 보다"라면서 기대를 했는데 아드님 왈 "아버지 이번에 시험을 보고 나니 별거 아니더군요, 다음 시험은 자신이 있습니다. 믿어 주세요" 그리고 봄, 다시 시험을 보고 나온 아들은 이제는 아버지를 보자마자 울기 시작합니다. 아버지는 "아들이 이번엔 합격을 하겠구나, 그동안 공부하느라 힘들었던 생각에 우는 걸 거야"라고 생각하고 있는데 아드님 왈 "아버지 시험은 정말 잘 보았는데 답안지에 정답을 옮기고 나니 마지막 번호가 하나 부족했어요" 마킹을 밀려서 한 것입니다. 다시는 회복 불가능한 실수입니다.

어느 날 전국 기관장 회의가 대강당에 있었는데 실내 행사에서는 거의 착모를 하지 않는데 그날만은 착모 지시가 있었으나 어느 지방 기관장, 아차차! 모자를 미처 챙기지 못했습니다. 그 분, 모자 없이 끝까지 행사에 참석하셨고 단상에서 열변을 토하시는 높으신 분의 오만 촉광의 레이저를 실시간으로 다 받으셨다고 합니다. 다시는 회복 불가능입니다.

제가 담당계장으로 관내 행사에 서장님을 수행하게 됩니다. 관내에는 비슷한 기관이 두 개인데 미처 확인하지 못한 저의 큰 실수로 엉뚱한 기관에 도착해 보니 사람이 없습니다. 서장님, 아~ 여기가 아닌가봐요. 다시 진짜 행사장을 저공비행으로 가는 중에 도로는 본드가 되었고 차에서 내린 다리 짧은 서장님과 더 짧은 저는 무려 5백미터를 빛의 속도로 주파하여 헉헉거리며 간신히 행사 시작과 동시에 도착하여 미리 참석하신 분들에게 기립 박수를 받게 되는 영광(?)을 안게 되었습니다. 반면에 늘 미소를 잃지 않으시던 그 서장님의 아무 말 없이 찡그리시기만 하셨던 그 얼굴을 생각하면 지금도 온몸이 자지러듭니다. 회복 불가능한 제 실수입니다. 서장님 정말 죄송했습니다.

　어느 단체 발대식 행사를 앞두고 정년이 가까운 눈이 안 좋은 담당 과장님이 최근에 부임하신 그 행사의 주빈을 맞을 준비를 합니다. 이때 저 앞에서 번쩍거리는 계급장을 단 풍채 좋으신 분이 걸어오십니다. 과장은 신속하게 다가가 거수경례와 함께 그분을 주빈 자리에 앉혀 드리기 위해 앞장서 안내를 하는데 아차차! 풍채 좋으신 분 바로 뒤에 풍채가 좀 떨어진 진짜 그 행사의 주빈이 따라오십니다. 앞서 안내해 드린 분은 경찰 제복과 거의 흡사한 제복을 입으신 봉사단체의 장이셨던 겁니다.

　어떤 기관장은 매주 월요일, 전체 조회를 빠지지 않고 하면서 각 기능별로 하나하나 지적과 지시를 하는 중에 '어이쿠! 흰색 와이셔츠의 끝단이 바지 사이로 간간이 보이고 그 날따라 더 집중·경청하던 직원들의 가슴을 녹이고 있습니다. 앞줄에 앉아 있던 눈치 빠른 김 과장이 신속하게 일어나 막아서면서 수습을 합니다. 새로운 기관장이 부임하십니다. 담당자는 밤 늦게까지 남아서 하나하나 준비를 하고 상급자들이 다시 꼼꼼하게 준비 상황을 점검하고 드디어 취임식~ 근데 식순은 완벽한데 딱 한 글자가 눈에 거슬립니다. 아마 전날의 퇴임 식순을 복사해서 만들었나 봅니다. '취'자가 아직도 '퇴'자로 남아 있습니다. 엄청 높은 분이 참석하는 기념식이 있었는데 당시 참석한 직원과 외부 손님들은 예년보다 더 열심히 완벽하게 리허설을 하고 드디어 주빈이 나타나기만을 기다리고 있었습니다. 드디어 주빈이 '번쩍' 하고 나타나자 맨 앞에서 지휘하는 분이 긴장의 도가 지나치셨는지 앉아있는 참석자 전원을 '일서 섯!'이라고 기립시킨 후 지휘를 해야 하는데 참석자 모두를 앉혀놓고 본인만 구호를 붙여 거수 경례를 하는 바람에 의식에 큰 흠이 생기는 불상사가 일어났습니다. 이분이 실수를 하려고 한 게 아니라 너무 긴장한 탓인지 아니면 전날 너무 정성을 들이느라 잠을 제대로 못 잤는지 하여튼 그 실수를 만회하기 위해 평소에 더 많은 노력을 기울이셨다는 후문이며 나중에 그분이 목표했던 자리까지 올라가는 것을 보았습니다.

내비게이션이 없던 시절, 저랑 같이 근무했던 행정관님은 주 업무가 차량 관리와 기관장을 모시는 운전이었는데 그 기관장님이 지방 출장이 예정되어 있는 경우 휴일을 이용해서 그 먼길을 사전 답사를 하고 오는 정말 완벽한 분도 계셨습니다. 이 분 실수하는 것 단 한 번도 보지 못했습니다.

망우보뢰(亡牛補牢) 전거지감(前車之鑑)

지혜로운 자는 눈으로 보기 전에 깨닫고 평범한 사람은 눈으로 봐야만 깨닫고 어리석은 자는 보고서도 깨닫지 못한다고 합니다. 무슨 일을 하기 전에 한 번 더 생각해 보고 시작할 것을 권합니다. 또 소를 잃어 버리고 탄식만 하고 있을 것이 아니라 외양간을 고치는 등 만사 대비를 철저히 한다면 실수와 실패는 거듭되지 않을 거라 생각합니다.

Part 5

고뇌의 시간
시민 안전 만점 치안

30

신언서판을 깔아드려요

신언서판(身言書判)
덕균이재(德均以才)

공직자는 항상 깨끗한 주변정리와 함께 늘 경청과 기록에 힘쓰고 법령을 숙지하는 가운데 재능이 덕을 넘지 말아야 한다

– 구양수 신당서 '선거지 편'

身 몸 신, **言** 말씀 언, **書** 글 서, **判** 판단할 판
德 덕 덕, **均** 고를 균, **以** 써 이, **才** 재주 재

강산이 네 번 가까이 변할 정도로 쉽지 않은 경찰 생활을 하는 동안 끊임없이 떠올린 단어는 '청렴'과 '슬기'라는 단어였습니다. '나는 청렴하였는가?', '나는 어려운 상황에서 얼마나 슬기로웠나?' 청렴해지려고 노력하였고 슬기롭게 대처하려고 안간힘을 썼지만 자신은 없습니다. 후자는 나만의 비결을 바탕으로 고비 때마다 잘 넘겼다 자부합니다. 비결은 선친께서 늘 말씀해 주신 바로 신언서판(身言書判)이라는 네 글자 입니다. 신(身)이란 얼굴은 준수하여야 하며, 언(言)이란 말을 조리 있게 잘 하여야 하고, 서(書)는 글씨를 아주 잘 써야 하며 판(判)은 머리가 아주 명석해야 한다는 내용입니다. 저는 어려운 경찰업무를 수행하는데 이 말을 경찰직에 접목시켜 스스로 실천하면서 후배들에게도 조금이나마 도움을 주는 데 활용하였습니다.

◆ 첫 번째, 신(身)입니다.

　신(身)의 의미를 살펴본다면 잘생기고 준수한 얼굴은 부모로부터 좋은 유전자를 받고 태어나거나 의학적인 힘을 빌려 가능하겠지만 여기서 신(身)이란 제복부서인 경찰업무 특성상 늘 용모 복장을 단정히 하면서 특히 '내 주변 정리를 깔끔하게 잘해야 한다'는 것입니다. 제복을 입고 출동한 경찰관의 용모 복장이 불량하면 시민들로부터 신뢰를 받지 못합니다. 사건 현장은 주변 사람들까지 지대한 관심을 두고 바라보는 장소인데 이때 출동한 경찰관이 용모 복장이 불량하고 호주머니에 손을 넣고 건들거리는 모습을 보이게 되면 미흡한 사건 처리로 혼이 날 때 한 대 맞을 것도 여러 대 맞는 것을 자주 보았습니다. 다음은 내 주변정리입니다. 짓궂은 친구들은 가끔 이런 질문을 합니다. "나는 경찰 계급을 잘 모르겠어. 이파리 몇 개가 되면 말 분(糞)이 되냐? 너는 이파리냐? 말 분(糞)이냐? 내가 아는 사람은 큰 말 분(糞)이 몇 개더라" 등.. 어렵고 힘들게 노력해서 달고 있는 무궁화 꽃봉오리와 무궁화 꽃을 상징한 제 소중한 계급장을 나뭇잎에 비유하고 말 분(糞)에 비유하는 친구가 과연 진정한 친구인지 생각해 볼 필요가 있습니다.

◆ 두 번째, 언(言)입니다.

언(言)은 말을 잘하는 것과 겸하여 잘 듣는 것을 말합니다. 상대방의 말을 잘 듣고 끄덕여주는 자세야말로 존중과 배려의 시작입니다. 112신고를 받고 현장에 가서 신고자의 얘기를 잘 들어주고 끄덕여 주기만 해도 그 사건의 절반은 해결된거나 다름없는 경험을 종종 하곤 합니다. 반면에 가 · 피해자 판별을 위해서는 심도 있는 조사가 필요한 사건임에도 출동한 경찰관이 부지불식간에 '선생님께서 그러시면 안 되지요. 제가 볼 때는 선생님이 더 잘못하셨네요'라며 툭 던진 말 한 마디가 엄청난 후폭풍을 몰고 온 사례도 있었습니다.

어느 스님으로부터 들은 이야기입니다. 이 스님이 계시는 절에는 항상 많은 보살님들이 찾아오는데 모두가 남편 걱정, 자식 걱정

등 온갖 자기 주변의 걱정거리를 털어놓고 스님의 답을 기대한답니다. 그때마다 스님은 아무 말씀 없이 그저 편안한 얼굴로 고개만 끄덕이신답니다. 그래도 찾아온 이는 스님이 경청해 주시는 것만으로도 큰 위안을 받으며 스스로 답을 찾아 가신답니다. 이것이 경청의 묘미가 아닐까 싶습니다. 경청의 가장 좋은 자세는 상대방과 눈을 맞추며 대화하고 그의 관점에서 메시지를 이해하려 노력하면서 끝까지 들어주는 것이라고 생각합니다. 그러나 많은 시간을 들여 상대방의 이야기를 다 들어주기가 정말 어렵습니다. 저도 늘 들어주는 자세가 부족함을 느낍니다. 상대방 이야기에 집중하지 못하고 '이야기를 듣는 중에 언제 상대방의 말을 끊고 내 얘기를 할까?', '이 대화의 마지막 마무리는 내가 해야지'라는 극히 이기적인 생각으로 대화하는 자신을 자주 발견하고 있습니다.

◆ 세 번째, 서(書)입니다.

서(書)란 글씨를 아주 잘 쓰는 것을 말하는 것이 아니라 '기록'을 이야기하는 것입니다. 우리나라는 기록의 민족입니다. 조선왕조실록은 5천만여 자(字)로 기록되어 유네스코 세계기록유산으로 등재될 정도로 세계가 인정하는 기록의 민족입니다. 다산 정약용 선생은 둔필승총(鈍筆勝聰)이라 하여 '둔한 붓이 총명한 머리를 이긴다' '기록이 기억을 이긴다'며 기록의 중요성을 역설하였습니다.

후배들에게 늘 하는 이야기가 있습니다. '한 줄의 기록은 견책을 면하고, 세 줄 이상의 기록은 감봉을 면한다' '자신이 처리한 사건 중 무언가 꺼림칙하거나 머릿속에 계속 남아 뱅뱅 돌거나 하면 그 사건에 대해서 반드시 '시간대별 조치 내역'을 기록해 두면 나중에 나를 보호하는 강한 무기가 될 것이다'라고 이야기해줍니다. 이 이야기는 약간 신경이 쓰이는 사건을 처리할 때 '아! 이 사건은 시간대별 조치 내역을 정리해 놓아야겠다'는 생각을 갖고 처리하면 현장에서 에러나 변수를 방지하고 시행착오를 범하지 않을 것이라는 말입니다.

◆ 네 번째, 판(判)입니다.

판(判)이란 일상이나 현장에서 법과 원칙에 따라 슬기롭게 잘 판단한 후 처리해야 한다는 뜻입니다. 이를 위해서는 법령과 각종 지침, 매뉴얼 등을 숙지하고 처한 상황에 맞는 판단력을 기르기 위해 평소에도 부단한 노력을 경주해야 합니다. 공직자의 가장 중요한 힘은 법령과 지침, 매뉴얼입니다. 경찰관이 아무 생각 없이 덜렁 현장에 나갔다가 낭패를 보는 경우를 미연에 방지하기 위해서는 늘 상황에 맞는 심적 물적 준비가 되어 있어야 합니다.

파출소 근무 시절, 인근 다방 2층 화장실 내 물통에 여성 손지갑이 많이 쌓여 있다는 첩보를 입수한 초임 김 순경은 혼자 버스정류장에서 3일을 잠복 중 당시 가장 비싼 런던포그 코트를 말쑥하게 차려입고 차에 타려고 하다 내리는 행동을 반복하면서 여성의 핸드백에 면도칼을 대는 소매치기 현행범의 손에 잽싸게 수갑을 채우고 머리 속이 하얀 상태에서 후들거리는 다리를 간신히 끌고 50미터에 있는 파출소까지 연행해 왔는데 칭찬을 해주실 줄 알았던 파출소장님은 '소매치기 건은 강력 사건으로 그런 첩보가 있으면 선배들과 상의하고 도움을 받고 지침에 의해 처리해야지 혼자 하겠다는 네 행동은 아주 잘못된 판단이다'라는 잔소리를 반나절이나 들으면서 무모한 제 행동에 반성을 많이 했습니다(술좌석에서 간간히 무용담으로 써먹기도 하곤 합니다만...)

저는 다년간 지구대와 파출소를 관리하는 업무를 하면서 사건현장 조치과정에서 법령에 위반하거나 매뉴얼 미준수 등 미흡한 조치로 시민의 안전이 위협받고 그로 인해 공권력 추락으로 연결되어 결국 해당 직원이 불이익을 받는 것이 늘 안타까웠습니다. 그래서 이를 예방하기 위해 지구대·파출소 팀장들이 직접 현장에서 처리한 생생한 내용을 중심으로 만든 '현미경을 위한 일오공'(현장에서 미소 짓는 경찰관을 위한 일일 오분 이상 공부하기)이라는 네이밍을 걸고 198개의 현장 조치 매뉴얼을 SNS 밴드에 게시하여 출동 경찰들에게 도움을 준 적이 있어 지금도 간간히 들여다보면서 미소를 짓곤 합니다.

신언서판 덕균이재(身言書判 德均以才)

경찰관의 일상은 유리 상자 안에 들어 있는 인형입니다. 항상 깔끔한 내 주변 정리, 늘 들어주는 경청의 자세 그리고 항상 기록하는

습관과 사물을 지혜롭게 분석하고 판단하기 위해 평소 부단한 노력
으로 내 안전과 우리 모두의 안전을 지켜야 할 것입니다.

31

주폭을 이겨내는
마음 속의 칼(忍)

가인인인(加忍忍忍)

인지위덕(忍之爲德)

화나는 일이 있더라도 참고 또 참아야 덕을 행할 수 있다

– 명심보감 '계성 편'

加 더할 가, 忍 참을 인

之 갈 지, 爲 할 위, 德 큰 덕

주취자 신고를 받고 현장에 나간 경찰관들은 인(忍)에 인(忍)을 얹고 또 인(忍)을 더하는 마음으로 주취자를 상대해야 그나마 뒤탈이 없다며 현장의 힘들고 어려운 상황을 이야기합니다. 인류가 술을 마셔온 시간만큼 술에 관한 이야기도 많이 있습니다. 중국의 시선(詩仙) 이백은 권주가(勸酒歌)에서 '하늘과 땅도 이미 술을 사랑하였으니 술을 좋아하는 것을 부끄러워하지 말라'며 예찬하였다고 합니다. 반면에 불경에는 음주십과(飮酒十過)라 하여 술을 마시면 안색이 나빠지며 기력이 쇠해지고 눈이 어두워지며 서로 성을 내고 씀씀이가 헤퍼지며 송사가 일어나고 좋지 않은 소문을 퍼트리고 총기가 흐려지며 몸이 축나서 결국 목숨을 잃게 된다고 하였습니다. 이렇게 술이 모든 악의 중심으로 묘사되고 있음에도 인간에게 위안을 주는 등 술의 장점이 또한 무수히 많아 이 지구상에서 술이 없어지리라고 생각하는 사람은 아마도 없을 것입니다.

　멀쩡한 사람이 술만 들어가면 미치광이가 되어 주위 사람들을 괴롭히곤 날이 새면 언제 그랬느냐는 듯이 자기가 한 일을 전혀 기억해 내지 못하는 두 얼굴의 사람들을 우리는 종종 보고 있습니다. 다산 정약용 선생이 18년 유배 생활 중 술을 좋아한다는 둘째 아들 학유에게 보낸 편지에 이런 말이 있습니다. "술맛을 알려면 술을 입술에만 적셔도 되는데 사람들은 소가 물을 마시듯 입술이나 혀에는 대지도 않고 곧장 목구멍에다 탁 털어 넣는데 그들이 무슨 맛을 알겠느냐? 술을 마시는 정취는 살짝 취하는 데 있는 것이지 얼굴 빛이 홍당무처럼 붉어지고 구토를 해대며 잠에 곯아 떨어져 버린다면 무슨 술 마시는 정취가 있겠느냐? 나라를 망하게 하고 가정을 파탄시키거나 못된 행동은 모두 술 때문이었느니라"라고 말합니다. '술잔에 빠져 죽은 자가 물에 빠져 죽은 자보다 훨씬 많다'는 이야기도 있듯이 술은 우리 인간의 역사와 함께하며 잊을만하면 생각나는 소중한 벗이지만 또 자신을 파멸로 떨어뜨리는 독이 되기도 합니다.

대다수 경찰관은 업무 중에 가장 어려운 일이 주취자의 행패 소란과 보호조치라고 말합니다. 한때는 경찰관서에 '주취자 안정실'을 만들어 두고 거리에 쓰러진 만취자를 보호한 적이 있었는데 이들은 무슨 화가 그렇게 많은지 인생 다큐멘터리 자서전을 풀어내면서 밤새 스폰지 벽에 수없이 머리를 박는 모습을 보면서 근무를 한 적도 있었습니다.

주취자 중 폭행 협박을 일삼는 못된 자들을 '주폭'으로 규정하고 이들과의 전쟁을 선포하기도 하였지만 경찰과 주취자와의 끊임없는 줄다리기는 경찰 창설 이래 풀지 못하는 숙제로 남아 연일 경찰관이나 소방관들이 주취자에게 애걸복걸하면서 입에 단내가 나고 속옷이 축축이 젖을 때까지 구슬리고 달래고 온갖 방법을 강구해야 하는 전쟁 아닌 전쟁을 치르고 있으며 그 피해는 선량한 시민에게로 돌아가고 있습니다. '술취한 사람이 길가에 쓰러져 있다'는 112신고를 받고 현장에 출동한 경찰관은 "집에 혼자 갈 수 있다"는 주취자의 말만 듣고 일단 철수하였으나 나중에 병원으로 후송되어 사망한 사건이 있었고 '할아버지가 누워있다'는 112신고를 받고 출동하여 노상에서 만취한 노인을 발견, 피해자를 순찰차에 태워서 주거지인 다세대 주택 계단에 앉혀놓고 파출소로 돌아왔는데 결국 그 노인은 저체온으로 사망하는 사건이 발생하였습니다.

술에 취해 인도에 누워있는 주취자를 일으키고 대화를 시도했으나 주취자가 완강히 거부하였고 나중에 그가 갑자기 차도로 뛰어들어 달려오던 승합차에 치어 사망한 사건 등 잊을만하면 발생하는 주취자를 대상으로 한 다수의 사건이 발생하고 있어 경찰관을 힘들게 하고 있고 시민들로부터도 큰 걱정을 사고 있습니다.

주취자 관련 112신고를 보면 2022년 약 97만여 건으로 전체 112신고의 4~5%를 차지하고 있는 바와 같이 그 신고의 양적 비중이 해마다 증가하는 상황입니다.

그동안 우리 사회는 주취자를 보는 시각을 '술에 취해 타인을 폭행하거나 재물을 손괴하는 등 싸움을 하거나 행패를 부리는 사람'이라는 '통제 대상'으로서의 인식이 강했으며 비틀거리거나 길에 쓰러져 있는 단순 주취자라도 그의 생명과 신체를 보호하기 위하여 적극적 위험관리를 해야 한다는 인식이 부족하였던 것은 사실입니다. 이제 요구호 주취자는 전통적 개념의 경찰 활동 방식에서 벗어나 사회 복지적 측면에서 지원이 필요한 시점이라고 생각합니다. 그러기 위해서는 현 경찰관직무집행법상 보호조치 외에 주취자를 적극적으로 보호할 수 있는 특별법 제정 등 법적 근거를 마련하고, 주취자를 인계하는 경우 세부적인 가이드 라인과 함께 현장에서 적극적인 업무수행 과정에서 불가피한 사고 발생 시 현장 근무자에 대한 민·형사상 책임을 과감히 면제하고, 주취상태에서의 변명에 대한 처벌 감면도 시대와 국민의 법 감정에 맞게 개선할 때가 되었다고 생각합니다.

가인인인 인지위덕(加忍忍忍 忍之爲德)

112나 119신고를 받고 출동하는 경찰관이나 소방관들이 현장에서 주취자를 보호하는 과정에 인(忍)에 인(忍)을 얹고 인(忍)을 더하는 인지위덕(忍之爲德)으로 참고 또 참으라고만 해서는 그 피해는 오로지 시민에게 전가됩니다. 이제는 주취자 보호 관련, 경찰이나 소방, 의료진 등 현장 근무자들이 시민의 생명, 신체, 재산을 확실히 지키고 있다는 책임감과 사명감, 자부심을 갖도록 주취자에 대한 전반적인 시스템을 개선 발전시키는 한편 전통적으로 '술 탓'이라는 음주에 관대한 사회적 인식과 '술 버릇'이라는 사회적으로 수용되는 음주문화가 바뀔 수 있도록 국민 모두가 고민하는 시간을 가졌으면 좋겠습니다.

32

첫사랑이 끝사랑으로

호리지실(豪釐之失)
차이천리(差以千里)

처음 시작할 때 조금이라도 어긋나게 되면 나중에 되돌리지 못하고 결국 크게 그르치고 만다

— 방현령 '진서'

豪 호걸 호, 釐 다스릴 리, 之 갈 지, 失 잃을 실
差 어긋날 차, 以 써 이, 千 일천 천, 里 마을 리

첫 마음, 첫인상, 첫 단추, 첫 걸음, 첫사랑 … 생각만 해도 마음이 맑아지고 기분이 좋아지는 긍정의 말이지만 때로는 불안하고 긴장되고 부정적인 감정과 함께 두렵고 설레는 단어입니다. 독일의 시인 괴테는 첫 단추를 잘못 끼우면 마지막 단추를 끼울 구멍이 없다며 일의 시작과 순서의 중요성을 강조하고 있고, 천리지행 시어족하 고대광실 사상누각(千里之行 始於足下 高臺廣室 砂上樓閣)이라 하여 천 리 길도 한 걸음부터요, 고대광실도 기초가 허술하면 사상누각이 되는 것은 불문가지이며 한낱 미물인 거미도 처음 줄을 칠 때 온 힘을 다하며 그 줄이 튼튼하지 못하면 미련 없이 버리는 과정을 수없이 반복하면서 가장 질기고 강한 첫 줄을 만든다고 합니다.

어느 기관장은 취임과 동시에 모든 직원에게 '당신의 초심은 무엇이었습니까'라는 화두를 던져 주는 바람에 그 명령(?)을 수행하기 위해 간만에 수리산에 올라 현호색 꽃을 따서 초심이라는 글자를 만들면서 들고 간 막걸리만 거하게 비우고 초심숙제는 나머지 공부로 미루고 내려온 적도 있습니다.

저의 첫 단추 끼우기 이야기입니다.

경찰직을 수행하면서 지휘관이 시켜서 새로운 일을 하기도 하였고 제가 스스로 만들어 시행도 하였지만 새로운 일을 하게 되면 우선 귀찮고, 어렵고, 불확실성으로 인한 두려움 등으로 엄두를 내지 못해 포기한 적이 많았습니다. 물론 그러한 힘들고 어려움을 극복하고 그 업무를 성공리에 마치게 되면 성취감과 함께 자신의 역량을 제고시키고 경험을 축적하여 더 나은 성장을 하게 됩니다. 경찰의 업무 중 시민의 안전을 위한 범죄예방은 너무나 중요합니다. 그래서 각 경찰서는 톡톡 튀는 아이디어를 내고 이를 시행하면서 시민으로부터 신뢰받고 성과도 향상시키곤 합니다. 모 경찰서 생활안전과장을 하던 어느 날, 지구대 순찰직원이 심야에 혼자 귀가하는 여성을 순찰차로 집에까지 태워다 드렸다는 내용을 보고 받고 칭찬과 함께 보도자료로 배포하였더니 언론에서도 좋은 시책이라고 적극 홍보를 해 주어서 저는 이를 '안심 귀가 서비스'라고 명명하고 적극적으로 시행을 한 바 있고 다른 경찰서에서도 벤치마킹하여 시행하게 되었습니다. 몇 년 후, 제가 다른 경찰서에서 근무하던 어느 날, 그날도 여전히 사무실 간이침대에 신세를 지고 있던 중 새벽에 받은 보고는 "왜 내가 안심 귀가 서비스를 실시했나" 하는 후회를 거듭하게 하는 사건이었습니다. 만취여성이 길에 쓰러져 있다는 112신고를 받고 그 여성을 지구대로 데리고 와서 신원확인과 함께 귀가시켜주기 위해 뒷자리에 앉혔는데 그 여성이 고성과 함께 몸부림을 쳐대자 조수석에 앉아 있던 직원이 좌측으로 고개를 돌리는 순간 그 여성의 하이힐이 그 직원 눈에 박히는 대형참사가 발생하였습니다. 무려 6시간여 수술하는 동안 그 직원의 부모님과 함께 손을 잡고 무교인 제가 모든 종교 지도자를 불러 모셔서 기도하고 또 기도한 결과 다행히 완쾌하였고 지금 그 직원은 승진도 하고 결혼도 하고 근무를 잘 하고 있습니다. 시행착오를 겪은

이 '안심귀가서비스'는 '안심귀가 스카우트'라는 이름으로 지자체에서 발전시켜 시행하고 있습니다. 이렇듯 첫 단추, 첫 시행, 첫 걸음이 참 어렵고 힘들 뿐만 아니라 시행착오라는 예방주사를 맞아야 한다는 것을 새삼 확인하는 사건이었습니다.

세종경찰 이야기입니다.

세종경찰은 그동안 세종시 인구 20여만 명의 1개 경찰서 3백여 명에서 세종경찰청과 그 산하에 남부·북부경찰서, 기동단 및 특공대 등 시 인구 40여만 명의 안전을 지키기 위해 5개 경찰관서 1천여 명 경찰관으로 인원과 규모에 있어 비약적인 성장을 거듭하고 있고 향후 인구 80만에 걸맞는 치안 시스템을 구축하는 과정에 있습니다. 이런 가운데 세종경찰청 새 청사가 올 상반기 설계 공모를 거쳐 드디어 첫 삽을 뜨게 되고 2027년 초에는 합강동 5-1 스마트시티에 웅장하고 번듯한 모습을 시민들에게 보여 줄 계획입니다. 언론에서는 스마트시티 국가 시범도시란 새로운 플랫폼 아래 미래형 청사로 건립될 예정이라고 보도하고 있습니다. 초기에 세종경찰청 부지는 합강동 5-1 스마트시티와 국회세종의사당이 들어설 S-1 인접 지역이 거론되다가 교통입지와 정부청사와의 근접성, 그리고 내부 직원 등의 의견을 들어 2생활권인 다정동 주택가 뒷쪽으로 급선회를 한 적이 있었습니다. 저는 그 이야기를 듣고, 치안본부(현 경찰청)가 독립청사를 마련하는 과정에서 당시 신축을 책임졌던 분이 좀 더 앞을 내다보고 현재 서대문 로터리 미근동에서 조금 벗어난 지역에 좀 더 넓게, 높게, 깊게 지었다면 업무의 효율성을 더 기하지 않았을까 하는 아쉬움이 전해져 내려오고 있다는 이야기를 예로 들려주면서 부지 선정에 대해 우려의 목소리를 내었는데 다행히도 초기 계획대로 합강동 5-1 생활권으로 확정한 일은 우리 세종 경찰이 100년을 내다보는 혜안과 슬기를 보여주는 첫 단추라고 생각합니다.

첫 단추를 잘 끼워야 할 것은 또 있다고 생각합니다. 우리는 종종 112경찰과 119소방이 현장에서 업무 다툼이나 소통 부재 등으로 서로 핑퐁을 하다가 둘 다 혼쭐이 나는 사례를 보도를 통해 보고 있으면서 씁쓰레 한 적이 있습니다. 이 둘의 목표는 오로지 시민의 생명, 신체, 재산의 보호입니다. 목표가 하나인데 시스템은 단순 하지가 않아 출동 매뉴얼대로 '신속, 정확, 친절'이 실제로 잘 이루어지지 않는 경우가 종종 발생하곤 합니다.

예를 들면 시민이 길거리에 사람이 쓰러져 있다는 112신고를 하게 되면 112순찰차가 먼저 도착하고 상황을 확인한 다음, 119에게 연락하여 출동한 119와 같이 쓰러진 사람의 상태를 보고 귀가시킬 것인가? 아니면 인근 병원에 후송할 것인가 등 적절한 조치를 하게 되며 필요시 관제센터에 연락하여 주변에 설치된 CCTV를 활용하게 됩니다. 112와 119 및 CCTV관제센터의 세 개 기능은 현장 안전 조치를 위한 불가분의 관계라 해도 과언이 아님에도 현실은 세 기능이 모두 다른 위치에서 다른 조치를 하는 관계로 소통에 문제가 있을 뿐 아니라 각자의 역할이 종합되지 않아 비효율성이 많이 나타나고 있는 것이 현실입니다.

　이제 곧 세종경찰청 신축 건물이 첫 삽을 뜹니다. 그 시작의 첫 단추로 100년을 바라보는 치안 시스템을 구축을 하는 중차대한 사명을 갖고 세종경찰청 건물 내에 112치안종합상황실과 119종합상황실, 그리고 세종시에서 운영하는 '도시통합정보센터'를 한곳에 모아서 가칭 '시민안전 통합 상황실.' 약칭 '시통실'을 구축한다면 어떨까요? 인력 예산에 문제가 있다면 현 세종시에서 운영하는 '도시통합정보센터' 내에 112와 119를 위치하게 하는 방안도 고려해 볼 필요가 있다고 생각합니다.

　이렇게 '시통실'이 구축된다면 오원춘 사건에서 피해자와 112지령실 요원이 7분여 통화를 하는 사이에 경찰과 소방이 현장 위치를 실시간으로 확인하고 관제센터에서는 부근 모든 CCTV를 확인하면서 수색을 할 수도 있을 것이며 비슷한 가정폭력 사건 신고를 오인해서 엉뚱한 곳에서 시간을 보내어 결국 살인사건을 막지 못한 예비 며느리 살해 사건도 인근에 수많은 CCTV가 많은 도움을 줄 수 있었을 것이라는 추측을 해 봅니다.

호리지실 차이천리(豪釐之失 差以千里)

    세종시민의 생명, 신체, 재산을 보호하는 모든 공직자는 '호리지실 차이천리'의 첫 단추를 끼우는 지극 정성으로 세종시가 그야말로 미래형 스마트 행복 도시로 거듭날 수 있도록 고민에 고민을 더하여야 할 시점이라고 생각합니다.

33

코는 크게
눈은 작게

비막여대(鼻莫如大)
목막여소(目莫如小)

사람의 얼굴을 새길 때 코는 크게 눈은 작게 하듯이
모든 일은 처음 시작할 때 방향을 잘 잡아야 한다

– 한비자 '설림 편'

鼻 코 비, **莫** 없을 막, **如** 같을 여
大 큰 대 **目** 눈 목, **小** 작을 소

미리 가 본 세종치안, 오늘 저는 떡 줄 사람을 떠올리며 먼저 김 칫국부터 들이키면서 3년 후 미래 세종 치안을 그려봅니다.

오늘은 붉은 양띠의 해인 2027년 정미년 1월 4일 월요일입니다.

약 7년간 세 들어 살던 세종경찰청이 소담동 임시 청사를 떠나 합강동 5생활권 스마트시티에 대지 1만 8천㎡, 지하 1층, 지상 8층 의 위용을 갖춘 신청사로 이전하여 시무식과 더불어 업무를 시작하 는 날입니다. 세종시는 지난 2026년까지 목표 인구 60만 명에 근 접하고 있으며 정치, 경제, 산업, 문화, 행정 등 비약적으로 발전하 고 있고 이런 세종시에 어울리는 새 청사로 출근하는 세종경찰관들 은 약간 상기된 표정으로 최상의 치안 의지를 다지는 모습입니다.

2019년 6월 세종경찰청 개청 당시에는 세종시 인구 20만 명에 1개 경찰서 3백여 명이었지만 이제는 세종경찰청 산하에 세종 남· 북부경찰서와 기동단, 특공대 등 5개 경찰관서 2천여 명의 경찰관 으로 인원과 규모에 있어 비약적인 성장을 하였습니다. 2년 전에 어진·도담·나성·해밀동을 관할하는 청사 지구대에 개소에 이어 얼 마전 집현 지구대가 개소하였고 세종중부경찰서도 준공을 앞두고 있으며 기동대도 5개로 증설하는 등 국회 세종의사당과 대통령 제 2집무실 등 국가중요시설이 위치한 행정과 정치 도시에 어울리는 치안 인프라가 조성되었다고 생각합니다. 이러한 기반을 다지기까 지는 세종시를 '포용의 도시', '품격있는 도시', '치안이 완벽히 확보된 안전 도시'를 만들고자 뜻을 모은 시장님을 비롯한 많은 분들의 힘이 컸습니다. 우선 시장님의 적극적인 관심과 지원을 바탕으로 세종시 의원들이 주축이 되어 세종시, 세종자치경찰위원회, 대학, 세종연구원, 현직 경찰관 등의 고민과 열정, 노력이 어우러져 만든 '자치경찰제도 발전방안을 위한 연구모임'이 큰 역할을 하였습니다. 이 모임의 연구 결과를 토대로 중앙정부와 세종시, 세종시의회, 세종교육청, 그리고 시민, 경찰 간 여러 차례 만남을 갖고 심도 있는 토의를 거듭한 결과 자치경찰 이원화를 기본으로 한 '세종형 자치경찰제도'가 마련되어 그 모습을 드러냈습니다. 이제는 이 제도가 안착단계에 접어들었으며 지구대, 파출소에 근무하는 지역경찰 및 112치안종합상황실, 여성청소년기능과 교통 및 경비과 소속 직원들은 충분치는 않지만 보수와 승진 면에서는 어느 정도 기대치에 이르고 있어 이들의 높은 사기를 바탕으로 시민들에게 더욱 더 친밀하게 다가가고 있는 현상이 여러 곳에서 발견되고 있습니다.

오늘 저는 재직하고 있는 한국영상대학교 출근길인 너비뜰 교차로와 성금 교차로 및 세종시청 앞 전광판 등 시내 곳곳에 있는 대형 전광판에 '금일 시민안전통합상황실장은 총경 000입니다(서기관 000입니다·소방정 000입니다)'를 보면서 만감이 교차했습니다. 사실 그동안 세종경찰청 건물 신축은 큰 어려움 없이 진행하였으나 청사 2층에 위치한 '112시민안전통합상황실(약칭 시통실)' 설치 문제로 경찰, 소방, 시청 등 관련 기관 간 갈등도 있었습니다.

경찰의 112와 소방의 119 및 시청 재난상황실과 시가 관리하는 CCTV관제센터의 4개 기능은 현장 안전 조치를 위한 불가분의 관계이며 이 넷이 조화를 이루어 시너지 효과를 거두어야 함에도 현실은 이 기능들이 공간적인 문제와 각기 다른 지휘체계, 협업시스템 한계 등으로 역할이 종합되지 않아 비효율적인 요소가 많이 나타나 그로 인해 시민의 안전에 소홀한 감이 있었습니다.

이러한 비효율적인 시스템을 개선코자 시장님의 적극적인 관심과 전폭적인 예산 지원 및 세종시의회 중심으로 '자치경찰제도 발전방안을 위한 연구모임'에서 '시통실' 설치를 한 목소리로 주장한 것이 융합행정의 최우수 성과물로 채택되어 시행하게 되었습니다. 즉 전국 최초로 세종경찰청 2층에 '시민안전통합상황실'(약칭 시통실)을 구축하고 이곳에 세종경찰청 112상황요원 16명, 세종소방청 119상황요원 16명, 세종시청 재난과 상황요원 16명, 그리고 세종시 나성동에 위치해 있던 도시통합관제센터 모니터 요원 24명 등 70여 명이 한 개 과(課)를 이루어 완벽한 화학적 결합 속에 한 공간에서 24시간 세종시의 만점 치안을 조명하게 되었습니다. 또한 시내 곳곳에 설치되어 있는 대형 전광판에는 당일 시민안전통합상황실장의 계급과 이름이 게시되는 이른바 '치안 실명제'를 실시하게 되었습니다. 이제는 현장에 상황이 발생하면 한 공간에 있는 시통실장의 지휘하에 관제센터 모니터 요원이 현장을 조명하고 경찰과 소방이 동시에 출동하여 상황을 처리하는 일사불란한 유기적 협조체제가 구축된 것입니다. 오전에 세종경찰청 후배 과장으로부터 "타 경찰청과 지자체 등에서 우리 '시통실'을 견학하러 오겠다는 전화가 빗발치고 있다"면서 "이제는 우리 세종시가 치안의 메카가 되었다"며 자랑스러워하는 전화를 받았습니다. 이렇게 몇 년 후 새롭게 확 달라질 세종시 치안 환경을 기대하면서 시원한 김칫국물을 맛있게 들이켰습니다.

이제 다시 2024년 5월입니다.

오늘 저녁, 자치경찰 이원화 방안 권고안을 기다리면서 시민 눈높이에 꼭 맞는 치안 서비스 제공을 위해 '세종자치경찰연구모임'을 추진하고 있는 경찰 후배들을 만나고 있습니다. 이 자리에서 조선시대 만기친람(萬機親覽)했던 정조 사후, 백성들이 도탄에 빠져 힘들게 살았던 이유 중 하나가 위정자들이 제대로 만들지 못한 '시스템 불비'였다는 것을 이야기하고 있습니다.

큰 줄기 하나를 더 추가한다면 경찰청 본청의 세종 이전입니다!

경찰청, 온갖 영욕으로 점철된 복잡하고 비좁고 열악한 환경인 서대문구 미근동 청사에서 서울만 바라보던 시대는 이제 마감하고 한 층 업그레이드된 대국민 치안 서비스를 제대로 제공하기 위해 총리실, 기재부, 행안부 등 정부 거의 모든 부처가 옮겨와서 안착해 있고 앞으로 국회와 대통령 집무실도 자리를 잡을 예정인 세종특별자치시로 내려와서 좀 더 여유로운 공간에서 서울만이 아닌 전국을

대상으로 오로지 국민만을 바라보며 정부 세종 시대에 걸맞는 치안
정책을 펼칠 시대적 선택의 시간이라고 생각합니다.

비막여대 목막여소(鼻莫如大 目莫如小)

    사람의 얼굴을 조각하는 데 있어 처음에 코를 작게 만들면 나중
에 크게 하기 어렵고 눈을 크게 만들면 나중에 줄이기가 어렵다는
'각삭지도(刻削之道) 비막여대(鼻莫如大) 목막여소(目莫如小)'라는
현자의 충고를 새겨들어야 할 시점이라고 생각합니다.

자치경찰 그 이름
우리경찰

치언과행(恥言過行)

행무월사(行無越思)

말이 행동을 벗어나거나 행동이 생각을 넘는 것을 부끄러워 한다

— 논어 '헌문 편'

恥 부끄러울 치, 言 말씀 언, 過 지날 과, 行 갈 행

無 없을 무, 越 넘을 월, 思 생각 사

경찰은 2021년 1월 1일부터 시행된 「국가경찰과 자치경찰의 조직 및 운영에 관한 법률(약칭:경찰법)」에 따라 획일적인 국가경찰 제도를 국가사무는 경찰청장, 자치사무는 시·도자치경찰위원회, 수사사무는 국가수사본부장의 지휘 감독을 받는 체제로 개편하였으며 이에 따라 2021년 7월 1일부터 자치경찰제가 본격 시행 중에 있습니다. 저도 세종시 자치경찰위원회 위원추천위원장으로 선정되어 자치경찰위원을 추천하는 데 나름의 역할을 하였습니다.

이번에 분리된 경찰의 구체적 사무는 국가경찰은 정보, 보안, 외사, 경비 등 국가사무를 담당하고 국가수사본부는 수사, 형사, 여청수사, 교통조사, 보안수사 등 수사사무를 담당합니다. 시민 생활과 가장 밀접한 관련이 있는 자치경찰 담당 사무를 살펴보면 생활 안전을 위한 순찰 및 시설의 운영, 아동·청소년·노인·여성·장애인 등 사회적 보호가 필요한 사람에 대한 보호업무 및 가정폭력·학교폭력·성폭력 등의 예방과 지역 내 교통 활동에 관한 사무로 교통법규 위반에 대한 지도·단속, 일부 수사사무로서 학교 폭력 등 소년범죄, 가정폭력, 아동학대 범죄, 교통사고 및 가출인, 실종아동 등 관련 수색 및 범죄 등 주민생활과 밀접한 민생치안 업무를 담당합니다.

시민들은 궁극적으로 자치경찰, 국가경찰, 국가수사본부 등 시민을 위한 경찰의 효율적이고 바람직한 시스템 변화도 중요하다고 생각하지만 더욱 간절히 원하는 것이 있습니다. 초등학교 등·하굣

길이나 우리 동네 골목길 등 불량 청소년들이 자주 모이는 곳에 든든한 경찰관이 나타나 주었으면 좋겠고, 여유롭게 순찰차로 순찰을 돌던 경찰관들이 하차해서 정성 명함과 치안 소식지를 나누어 주었으면 좋겠고, 퇴근길 여성들이 안심하고 귀가할 수 있도록 방범 시스템이 완비되었으면 좋겠고, 정성을 들여 심어놓은 농작물 절도 예방과 교통사고 다발 지점에 교통 경찰관이 늘 상주해 있으면서 수시로 음주운전 단속을 원하고 있습니다. 이러한 시민들 요구에 부응해서 이번에 시민을 위한 자치경찰제도가 출범하게 된 것입니다. 하지만 아무리 제도가 좋다 하더라도 시민들의 안전이 담보되지 않고 이를 운용하는 부서에서 제대로 이행을 하지 못한다면 모두가 공염불에 지나지 않을 것입니다.

시민에게는 치안 관할이 없습니다. 시민이 신고한 곳은 특정 경찰서나 지구대가 아닌 '대한민국 경찰'이라는 사실을 간과한 채 자칫 자치경찰로 전환되는 과정에서 국가경찰과 자치경찰 간 사무 분담이나 업무추진 관련, 갈등이나 마찰이 생길 수 있고, 노숙인이나 행려병자 관리 등과 관련하여 자치경찰과 지자체 간 사무 떠넘기기 등이 발생할 수도 있습니다. 자치경찰제 시행에 따른 시행착오를 최소화하기 위해서는 먼저 지역의 특성 및 지역 내 잠재적 치안 불안 요소를 발굴하기 위한 시민들의 의견을 가감 없이 청취하는 소통의 장이 마련되어야 하며 이에 대한 정확한 진단과 함께 시민 요구가 충실히 반영된 시민 눈높이에 맞는 치안 시책을 수립해서 시민이 공감하는 활동을 함께 추진해 나가는 방법이 우선되어야 합니다.

안전이 최우선으로 확보되어야 하는 아동을 위해 학교 선생님과 녹색 어버이회, 학교보안관 등과 같이 초등학교 주변에서 등·하교를 지도하는 '굿모닝 해피스쿨' 실시, 어린이나 노인, 부녀자 등 사회적 약자들이 위험에 처해 있을 때 주변에서 쉽게 구조 요청을 할 수 있도록 방범용CCTV 활용 방법이나 아동안전 지킴이 집 위치, 공중화장실 등에서의 구조 요청 방법 등 위급 시 구조 시스템을 알려주는 '나를 찾아줘' 프로그램 운영, 세종시 관내 2천 6백여 대의 방범용 CCTV를 거점으로 지역경찰 순찰차와 112치안종합상황실 그리고 시내 모든 CCTV를 관제하는 도시통합정보센터를 삼각으로 연결하여 순찰을 실시하는 '삼각 포인트 순찰'을 실시하고 시민들과 함께 야간에 범죄가 발생하였거나 발생 우려가 있는 취약지를 어슬렁어슬렁, 뚜벅뚜벅, 기웃기웃거리는 '어뚜기'순찰을 하면서 치안 정보를 공유하는 '이야기가 있는 골목길 안심순찰' 실시, 침입절도 등이 우려되는 학교 주변 원룸이나 다세대 등 범죄 취약지에 특수형광물질을 도포하거나 어두운 골목길에 조그만 불빛 하나만으로 심리적 안심이 되는 솔라표지병을 설치하는 등 다각적인 시책을 시행할 필요가 있습니다.

다음은 내부 만족이 외부 만족으로 이어질 수 있도록 경찰관에 대한 근무시스템의 개선과 복지 등의 지원이 필요합니다. 우선 경찰관 1인당 세종시민 1천여 명 이상을 담당하면서 24시간 풀 가동되는 열악한 지구대·파출소에 공기청정기 등 생활 방역시스템의 설치 및 개선과 편한 의자를 비치하는 등 근무환경을 개선하여 힘든 112신고 처리 후 잠시라도 숨돌릴 수 있는 최소한의 편의시설은 갖추어 주어야 합니다. 또한 폭증하는 치안수요에 대응하기 위해 지역경찰 인력 증원이 최우선적으로 이루어져야 하며 주취자, 정신질환자 등으로부터 언어폭력과 신체적 폭력에 노출되는 등 지쳐있는 지역경찰관의 자존감 회복과 최소한의 휴식권을 보장하기 위해 현행 4조 2교대에서 더 나아가 심야 치안수요에 대응하기 위한 5조 3교대도 고려해 볼 필요가 있습니다. 근무 중 대기시간 확대와 현실에 맞지 않는 야간·휴일 수당과 특근 매식비를 현실화하고 현장 책임자인 지역경찰 팀장에게 책임만 부과할 것이 아니라 책임에 걸맞는 직책수당을 지급해서 이들에게 자부심을 심어 주어야 하며, 현 매식 제도도 개선해서 지역관서에서 자체 취사를 할 수 있도록 시설과 인력을 확보해야 합니다. 이렇게 경찰에 대한 근무환경과 시스템 개선, 수당 현실화 등 최소한의 복지지원을 바탕으로, 시민들과 소통하면서 시대 가치에 맞는 역동적인 공감 치안행정을 펼치는 경찰이 되어야 합니다.

치언과행 행무월사(恥言過行 行無越思)

자치경찰을 시작하는 단계에서 말만 앞세우고 행하지 않거나 너무 앞서가서 산통을 깨는 일은 없어야 합니다. '경찰은 시민의 인정을 받기 위해 존재한다'는 평범한 진리를 잊지 않고 새로운 시스템에 의한 경찰조직의 발전과 안전한 세종시를 위해 시민 중심, 시민의 눈높이에서 맡은 바 최선을 다하며 말보다 행동으로 시민의 안전을 위해 역동적으로 움직이는 세종경찰의 모습을 보인다면 이때가 진정한 의미의 자치경찰의 성공이라고 할 수 있을 것이며 시민들은 이때 비로소 따뜻한 미소와 함께 이구동성으로 '우리 세종경찰'이라고 부를 것입니다.

35

꽃보다 이름
익명보다 실명

장두은명(藏頭隱名)

음덕양보(陰德陽報)

이름을 숨기면서 남이 모르게 보이지 않는 곳에서 베
푸는 선행은 나중에 반드시 좋은 결과로 돌아오며 그
보답을 받게 된다

– 유향 '복은 편'

藏 감출 장, 頭 머리 두, 隱 숨길 은, 名 이름 명

陰 응달 음, 德 덕 덕, 陽 볕 양, 報 갚을 보

우리는 자신의 이름이나 얼굴을 드러내지 않고 다른 사람을 위해 선행을 하는 '얼굴 없는 천사'의 이야기를 들을 때마다 세상은 참 살아 볼 만한 가치가 있고 그 가치는 우리가 어떻게 살아가야 하는지, 어떤 태도로 마주해야 하는지, 자신과 주변의 가치를 발견하고 존중하는 것이 풍요로운 이 사회를 만들어 가는 데 얼마나 중요한지를 일깨워 주는 교훈이라고 생각합니다. 하지만 이러한 사회에 희망을 주는 아름다운 숨김보다 이름 뒤에 숨어서 부정확한 정보를 퍼뜨리며 그로 인해 오해, 혼란, 불안 등을 야기하여 개인이나 단체등에 고통을 주고 그로 인해 극단의 선택까지 하는 경우를 간간이 보게 됩니다. 이른바 익명이 실명을 이기는 격인데 이제는 실명이 익명을 이길 수 있어야 합니다.

　　자기 이름을 걸고 일을 한다는 것은 책임성과 전문성을 부각시킴과 동시에 상대방으로부터 무한 신뢰를 받게 되며 그 일의 결과에 대해 스스로 자부심과 긍지를 갖게 되고 이는 선순환으로 작동되어 자신을 발전시키는 원동력이 되기도 합니다. 예전에 버스를 타면 난폭운전이나 불친절 등으로 시민들의 불만이 팽배하였으나 어느 날부터 승무 사원의 이름표를 시내버스 안에 붙여 놓은 뒤로는 불친절이나 난폭운전이 사라지고 사고율도 감소했다는 보도를 접하면서 자신의 이름을 당당하게 드러내 놓고 책임성을 갖고 일을 하는 것이 얼마나 중요한지를 알게 해 주는 사례라고 할 수 있습니다.

◆ 공직 실명제

　시민들은 자신의 업무를 처리하는 공직자의 이름을 궁금해하며 공직자들은 전체 국민의 봉사자로서 투명성을 제고하고 부패를 방지하기 위해 당연히 자신이 추진하고 있는 업무를 공개하고 당당하게 실명을 밝혀야 할 의무가 있다고 생각합니다.

　서울의 어느 경찰서에서는 순찰차 진입이 어렵고 사건 사고가 다발하는 주택가 골목의 치안을 책임진다는 의지표명으로 '경찰관 관심 골목길' 제도를 시작하면서 해당 지역담당인 지구대 팀장과 팀원의 이름을 걸고 "ㅇㅇㅇ로 ㅇㅇㅇ길"로 하고 경찰관 캐리 커쳐와 사무실 전화번호를 부착하는 등 주민에게 적극적으로 다가가는 순찰을 실시한다고 발표한 적이 있습니다.

　또 어느 경찰서는 여성 1인 가구가 밀집한 관내 원룸 건물 입구에 담당 경찰관의 이름과 사무실 전화번호가 적힌 푯말을 붙이는 '원룸 담당 경찰관'을 지정 운영하고 있습니다.

　저도 서울에서 과장 근무 시, 시민들에게 좀 더 적극적으로 다가면서 이들의 Need와 눈높이를 반영하는 치안시책 중 하나로 '치안 실명제'를 실시하여 체감안전도를 크게 향상하는 성과를 거양하였습니다. 시민들은 늘 경찰이 보이지 않는다.. 순찰차는 왜 골목길을 순찰하지 않고 대로변을 쌩쌩 달리기만 하는지 모르겠다.. 순찰차가 우리 집 앞에 정차해 있는데 무슨 사고가 났는지 불안하다.. 등 등, 경찰이 하는 일에 대해 매우 궁금하게 생각하며 그 이유는 자기와 자기 가족의 안전과 직결되어 있기 때문일 것입니다.

하지만 112신고를 받고 출동하는 외근경찰관은 근무복 왼쪽 가슴에 이름표를 달고는 있지만 실명 밝히기를 꺼려하는 경향과 처리 결과에 불복하는 민원에 대한 부담감 등으로 사시사철 근무복 위에 외근 조끼를 입고 있고 거기다 마스크까지 쓰게 되면 완전 비밀경찰이 됩니다. 이를 해결하기 위해 어느 날, 지구대 1개 팀을 선정하고 이들 8명과 저녁을 먹으면서 "112신고 출동경찰관이 자신의 이름을 공개하는 것은 치안고객인 시민에 대한 최소한의 예의이며 적극적인 업무처리 의지와 나아가 인권보호에 대한 무언의 약속이라고 생각합니다"라는 실명 경찰의 불가피성을 설명하였고 팀원 모두 찬성의 의견을 보게 되었습니다. 그 결과 이들 1개 팀원 8명에게 가로 8cm, 세로 3cm의 아크릴 명찰을 '친절 명찰'이라 이름을 붙이고 폭력 상황에서는 떼도록 하고 그 외 순찰이나 대민 활동에는 부착하도록 하는 등 현장 상황에 적절히 활용하도록 탈·부착식으로 패용을 하였습니다. 그 결과 112신고 처리 현장에서의 민원이 감소되었을 뿐만 아니라 출동경찰관의 책임감 있는 적극적인 업무처리 자세로 시민들로부터 큰 박수를 받았습니다. 팀원들도 자부심과 긍지를 갖고 업무를 처리하게 되었다는 긍정의 여론으로 관내 8개 지구대·파출소 지역 경찰 전원에게 부착을 하게 되었습니다.

또 주민들에게 친근하게 더 다가가기 위해 지구대·파출소 각 팀별로 별칭과 공통 명함을 만들었는데 이 명함에는 공용 휴대폰 번호와 함께 팀원 이름, 담당구역, 각자의 전문분야 및 간단한 범죄 예방요령 등을 기재하여 '정성 명함'이라 명명하고 112신고자 및 접촉 주민들에게 배부한 결과 큰 호응을 받았습니다. 또 지역 경찰관들이 도보 순찰이나 112신고 처리 시 만난 주민들로부터 '안전 지킴이' 승낙과 함께 이들의 이름과 전화번호를 과장에게 보내주면 이를 정리한 후 매월 1일, 시기별로 적절한 치안소식이 담긴 문자를 만들어 서장 명의로 안전지킴이들께 전송해 드렸는데 이분들이 참 고마워 하셨고 이로 인해 경찰의 신뢰 제고와 함께 체감안전도가 고공 상승하기도 하였습니다. 이 중 용산경찰서 안전 지킴이 3,551명에게 보내 드린 '치안 소식 문자 메시지'를 소개합니다.

　늘 든든한 우리 '용산 안전 지킴이' 여러분!
　우리 용산경찰서는 20개 '여성 안심 귀갓길' 운영 및 골목길 이동 파출소 설치 등 주민 눈높이에 맞는 다양한 시책을 실시하여 범죄예방의 효과를 톡톡히 보고 있습니다. 이러한 노력을 바탕으로 치안 성과평가 1위에 걸맞는 경찰서 답게 올해 남은 두 달도 최선의 노력을 경주하여 만점 치안을 이룰 것을 약속드립니다.
　가을이 무르익은 시월의 마지막 밤, 우리 용산 안전 지킴이 여러분의 가정에 늘 건강과 행운이 함께하시길 빕니다.
- 용산경찰서장 총경 ○ ○ ○ 드림 -

또한 신고 출동하는 순찰차 조수석 앞에는 '신고 처리 중' '유동 순찰 중', '휴게 중' 등 출동 실명제를 실시하여 역시 주민들의 궁금증을 풀어주었습니다. 이러한 노력으로 그해 체감안전도는 물론 112신고 만족도가 포함된 치안 고객 만족도가 획기적으로 상승하였습니다.

주민의 바람을 실어 제가 얼마 전 지방지에 시민의 안전에 대한 업무만큼은 반드시 '치안 실명제'를 실시해야 한다고 주장하면서 매시간 시내 주요 교차로 전광판에 '금일 우리 시 시민안전통합상황실장은 총경 000입니다, 서기관 000입니다, 소방정 000입니다'라는 실명제를 게시하여 시민들에게 24시간 안전에 대한 욕구를 충족시켜 드려야 한다고 기고도 하였습니다. 제가 경찰서장으로 있던 어느 날, 관내 초등학교 정문 앞에서 신원미상의 남성이 방과 후 수업을 마치고 귀가하는 초등학교 1학년 여자 어린이에게 젤리를 주겠다고 하면서 유인하려 하였다는 112신고 사건이 있었는데 신고 전에 이미 시내 모든 초등학교 학부모들은 문자와 SNS 등으로 이 사건을 알고 불안이 가중되는 상황에 이르렀습니다. 저는 보고를 받고 즉시 수사팀을 꾸리고 관련 사실과 더불어 검거 의지를 담은 '경찰서장 서한문'을 SNS카페'와 개인 페북 및 밴드 등에 게재하였는데 이 과정에서 서한문 말미에 'ㅇㅇ경찰서장' 이 아닌 'ㅇㅇ경찰서장 총경 김정환'의 실명으로 게재한 결과 학부모들의 불안은 바로 잦아들었고 용의자를 신속히 검거하여 사건일체를 공개하였습니다. 이렇게 이름 석 자로 주민에게 안심을 주는 것이야말로 공직자의 의무인 동시에 실명제의 큰 장점이 아닐 수 없습니다. 하지만 실명으로 처리하는 것이 긍정적인 요소 외에 범죄에 악용될 수 있으며 공직자의 인권침해 가능성도 배제할 수 없고 효용성에 의문을 제기하기도 하고 보여주기식 전시행정이라는 등의 우려의 목소리도 있는 것은 사실입니다.

장두은명 음덕양보(藏頭隱名 陰德陽報)

일의 전말을 분명히 밝히지 아니하면서 자신의 이름을 숨기는 것은 공직자의 도리가 아니며 실명으로 자신의 이름을 내걸고 업무를 처리하는 것이야말로 보이지 않는 곳에서 베푸는 선행이라고 할 수 있으며 그 보답은 시민의 신뢰라는 큰 선물로 돌아올 것입니다.

36

'순찰' 또 다른 이름
어.뚜.기 순찰

우보천리(牛步千里)
마보십리(馬步十里)

소는 느리지만 우직함과 꾸준함으로 천 리를 가고
말은 뛰어서 빨리 가는 것 같지만 멀리 못 가서
지쳐버린다

— 사자성어

牛 소 우, 步 걸음 보, 千 일천 천, 里 마을 리
馬 말 마, 步 걸음 보, 十 열 십, 里 마을 리

어릴 때 선친과 산에 나무를 하러 가서 들은 말씀 중 '톱질을 하는데 슬근슬근 흥부가 박 타듯이 해야지 어깨에 힘을 꽉 주고 단번에 자르려 하다가는 결국 톱도 부러지고 어깨도 다칠 수 있다'는 말씀을 여러 번 들은 일이 있습니다. 시멘트 벽에 못을 박는 일도 첫 번부터 냅다 망치를 내리치면 못이 튕겨 나가게 되고 권투선수나 야구선수가 어깨에 힘을 주고 팔을 뻗으면 '정타'나 '안타'가 절대 나올 수 없다는 것이 과학적으로 증명되고 있습니다.

빨리빨리 조급함으로 인한 실패사례를 극복하는 '느림의 미학'을 현장에서 구현한 경찰의 '순찰' 이야기입니다. 경찰관의 순찰활동은 범죄예방을 위한 가장 효과적인 활동이며 고유의무입니다. 하지만 언제부터인가 순찰차는 오로지 112신고만 처리하는 것으로 인식하고 있어 지역경찰관들의 '순찰 DNA'가 사라졌다는 우려를 낳고 있고 이를 불식시키기 위해 애를 쓰고 있는 실정입니다. 저는 8개 경찰서 범죄예방대응과장(舊 생활안전과장)을 하는 동안 시민들과 함께 '골목길 안심 순찰대'를 만들고 그들과 함께 주1회, 주로 금요일 밤 관내 취약지역을 도보 순찰하면서 함께 웃고 떠드는 이른바 '어·뚜·기 순찰'(어슬렁어슬렁, 뚜벅뚜벅, 기웃기웃)을 실시하고 그 내용을 SNS에 게시하는 등 적극적인 활동을 펼쳐 주민의 신뢰와 함께 소기의 성과를 거양하였습니다. 서울 광진경찰서의 어느 날 '어·뚜·기 순찰' 일지입니다.

{치안거버넌스의 선봉, 서울광진경찰의 재미지고 야그가 있는 골목길 순찰 이야기 그 서른한 번째!}

10월의 마직막 밤, 자양4동 어벤져스들이 모여, 간간이 이 지역을 넘실거리는 범죄꾼들이 발을 붙이지 못하도록 하는 '어·뚜·기 순찰의 날'입니다.

오늘 순찰에는 생활안전협의회, 청소년육성회, 자율방범대, 통반장, 외국인 자율방범대, 동포 상인회, 지역 주민 등 얼마 전에 발대한 '클린 맛·양·터 시행계획'(건대 앞 맛거리, 자양4동 양꼬치 거리, 동서울 터미널 범죄예방 및 무질서 단속)에 따른 순찰대원 총 30여 명이 참석하셨습니다. 즉 다국적 어벤져스가 출동하였는데요. 일단 참석해주신 협력단체원분들께 감사 인사와 함께 파출소장님이 관내 치안상황을 보고드리면서 "우리 경찰은 항상 주민 옆에 소리 없이 머무르는 공기와 같은 존재입니다."라는 말씀에 고개를 끄떡이며 모두 큰 박수로 격려를 드립니다.

오늘은 자양4동 주민도 잘 모르는 골목길을 돌아보기로 하고 소장님의 안내를 받아 뒷골목에 들어서마자마 순찰차는커녕 오토바이도 들어갈 수 없는 좁디좁은 골목길이 여러 갈래로 뻗어있어 이런 곳에서 범죄가 나면 어떨하나? 하는 걱정이 앞섭니다. 열심히 어·뚜·기 순찰을 하다가 어느 단독주택 앞에 섰습니다. 특수 형광물질 도포 작업에 대해 설명을 하기 위해서였는데요. 다세대 주택의 가스 배관 등이나 방범창 틀에 눈에 보이지 않는 형광물질을 도포해서 침입 절도 발생 시 신속한 검거와 함께 위 도포에 대한 '경고 표지판'을 여기 저기 붙여 예방효과까지 이끌어 내는 일석이조인 특수시책입니다. 앞으로 도선생들 광진구에서 밥 벌어 먹긴 글렀습니다.

여기서 끝나면 섭섭~하지요. CCTV 경고 표지판도 붙였는데요. 예방 활동의 최우선 과제이자 검거 활동의 최고의 단서가 될 '민간 CCTV와 '방범용 CCTV를 효율적으로 운용하는 한편 범죄꾼들의 범죄심리 제압을 위해 취약지역에 '경고 표지판'이 잘 부착된 것을 발견하고 설명을 이어나갑니다. 도선생들 진짜 다른 직업을 알아봐야 할 것 같습니다. 이제 '편의점'과 '방범용 CCTV입니다. 편의점을 좋아하는 못된 강도범이 아르바이트 학생을 위협해서 현금을 강취하는 사건을 예방 및 검거하기 위해 편의점과 경찰관서를 연결하는 '무다이얼링 시스템'을 작동시키는 예고 없는 FTX에 순찰차를 타고 바람처럼 달려오면서 권총과 삼단봉을 뽑는 듬직한 우리 파출소 순찰팀원의 역동적인 모습에 큰 박수와 격려를 보냅니다.

관내 수천여 대의 '방범용 CCTV를 이용한 범죄 예방법을 알려 드리기 위해 CCTV에 부착된 비상벨을 누르도록 하고 관제센터모니터 요원의 '무엇을 도와 드릴까요'라는 하늘에서 들리는 안내 멘트와 동시에 저공비행으로 달려온 순찰차와 경찰서 상황실의 확인 무전 등 범죄예방 시스템을 실감나게 소개시켜 드리고 마지막으로 전봇대를 이용한 자신의 현재 위치 확인 방법과 스마트폰 앱 등을 이용한 범죄 예방법을 설명하면서 살랑살랑 부는 바람 따라 열심히 어·뚜·기 순찰을 하며 걷다 보니 순찰대원들의 시선을 딱 뺏는 것이 하나 있습니다. 바로 감나무에 주렁주렁 열린 먹음직스러운 감인데요, 이렇게 열심히 순찰하다 보니 가을이 무르익어 가는 걸 오늘에서야 비로소 실감하게 됩니다. 보안등 불빛을 받으며 탐스럽게 달려있는 감을 보며 사진도 찍고 웃음꽃을 활짝 피우는데 어느 대원님이 아는 집이라며 물병으로 맞춰 따려고 하는 순간 감나무 주인 할머니가 웃으시며 미리 따놓으신 감을 사정없이 던져주십니다. 이것도 골목길 순찰의 잊지 못할 추억으로 남을 것 같습니다.

오늘 순찰은 저의 뻔뻔한 익살과 입담에 반한(?) 여성 대원분들의 아쉬움을 뒤로 하고 두 시간의 어·뚜·기 순찰은 이제 막을 내립니다. 하지만 우리 든든한 자양4파출소 직원들은 주민들이 밤길, 좁디좁은 거미줄 같은 골목길도 안심하고 다닐 수 있도록 쉬지 않고 달리면서 부단히 순찰을 이어갈 것입니다.

우보천리 마보십리(牛步千里 馬步十里)

느려 터져 답답하다고 생각되는 소는 우직함과 꾸준함으로 천리를 가지만 처음부터 뛰기 시작하는 말은 중간에 지쳐 결국 목표지점에 도달하지 못한답니다. 경찰의 순찰도 이렇게 우보천리의 자세로 매주 취약일 취약시간에 시민들과 함께하는 어슬렁어슬렁, 뚜벅뚜벅, 기웃기웃거리는 추억의 '어·뚜·기 순찰'을 계속해 나갔으면 좋겠습니다.

37

손 잡고도 빨리 멀리 갈 수 있어요

고장난명(孤掌難鳴)
속독원배(速獨遠輩)

손뼉도 마주쳐야 소리가 나고
멀리 가려면 함께 가야 한다

– 한비자 '공명 편'

孤 외로울 고, 掌 손바닥 장, 難 어려울 난, 鳴 울 명
速 빠를 속, 獨 홀로 독 遠 멀 원 輩 무리 배

한때 경찰청은 '경찰이 시민이고, 시민이 곧 경찰이다'라는 영국 경찰제도를 창시한 로버트 필 경의 말을 차용한 슬로건을 내걸고 그 지역의 구석구석을 가장 잘 알고 있는 주민들과 함께 맞춤형 치안활동을 전개하는 '공동체 치안정책'을 실시해 오고 있습니다.

과거의 치안 활동은 경찰만의 외롭고 일방적인 범죄예방 활동이었습니다. 하지만 시대와 환경, 치안 여건이나 주민의 요구 등이 변함에 따라 과거와 같은 방식과 한정된 경찰력으로는 다양한 치안 상황에 효율적으로 대응하기 힘든 것은 자명합니다. 그래서 협력 치안에 앞장서는 '경찰협력단체'가 존재하는 이유입니다. 경찰협력단체란 '경찰 목적을 효율적으로 달성하기 위해 경찰관서를 주체로 다양한 경찰 협력자를 모집·구성하여 협력 치안에 활용하는 단체'를 말합니다.

이에는 경찰발전협의회, 안보자문협의회, 외사자문위원회, 집회시위자문위원회, 생활안전협의회, 시민경찰, 자율방범대, 녹색어머이회, 청소년육성회 등이 있습니다. 이렇게 경찰을 아끼고 사랑하는 많은 분들이 각자의 생업이 있음에도 불구하고 회비를 부담하고 시간을 내어 자문을 해 주시고, 퇴근 후 동네 취약지역 순찰을 돌고 각종 행사에 참석해서 자리를 빛내주시는 등 무보수로 오로지 봉사와 희생 정신으로 지원을 아끼지 않고 있습니다. 특히 설과 추석이나 하계 휴가철 등 특별방범활동 기간은 물론, 범죄 취약일인 매주 금·토일 밤에 모여 전자봉을 들고 범죄예방 순찰을 돌아 주시는 그 정성에 주무과장으로서 그저 고개가 숙여지지 않을 수 없습니다. 저는 이 분들로부터 순찰이나 자문 등 도움을 받으면서 항상 드리는 말씀은 '우리 경찰이 여러분들에게 큰 빚을 지고 있습니다만 그 빚은 영원히 갚지 못할 채무자로 남을 것 같습니다'라는 염치없는 말씀으로 감사를 표하곤 했으며 그 고마움을 담아 정년퇴직 후 동네 자율방범대원으로 가입하겠다는 약속을 하였는데 아직 실행에는 옮기지 못하고 있습니다.

봉사는 아무나 하는 것이 아닙니다. 저도 늘 주민들께 봉사를 요청 드렸지만 사실 제 가족이나 가까운 친척 중 경찰협력단체에 가입해서 봉사활동을 하는 사람이 거의 찾을 수 없어 늘 미안함을 갖고 있습니다. 경찰의 협력단체장님들은 '회장', '위원장', '대장' 등의 명칭으로 불리우며 주로 그 지역의 명망가로 여러 면에서 여유가 있는 분들이며 정기적인 회의 시 대표성을 갖고 여러 의견을 내놓게 됩니다. 경찰 입장에서 보면 좋은 말씀만 해 주셨으면 좋겠지만 기대와 달리 간간이 언론에 보도되는 경찰의 부정에 대해 아프게 꼬집으며 경각심을 주시거나 고소·고발 사건처리 등 불만 사항을 거론하면서 시정을 요구하거나 관내 취약지역 순찰 미흡과 신호등이나 횡단보도 위치 등 교통 관련 불편한 쓴소리도 여과 없이 늘어놓습니다. 실무자들로서는 어느 단체 회의가 예정되면 머리가 지끈지끈 아플 때도 있지만 이분들의 쓴소리가 바로 '시민을 대하는 불통 경찰의 현주소'라는 것을 생각한다면 그 '쓴소리'야말로 우리 경찰을 도와주는 '단소리'로 가슴 깊이 새겨야 할 것입니다.

반면에 어느 단체장님은 고위층만 바라보면서 불투명한 관계를 유지하다가 결국 어려운 지경에 빠지고 만 경우도 보았습니다.

　　어느 경찰관서에 부임해 보니 이미 협력단체 구성이 완료되고 발대식만을 남겨두고 있습니다. 그 단체장님이 찾아오셨는데 그동안 그 분의 행태나 직접 보여주는 언행, 그리고 수십 년 동안 정보·수사·감사에서 갈고 닦은 제 예리한 촉을 세워본 결론에 따라 업무 담당자에게 '이 시간 이후 저 단체장으로부터 짜장면은 물론 믹스커피 한 잔도 안 된다'는 엄명을 내립니다. 발대식이 끝난 후, 경찰 봉사에 올인하다시피 한 그 대표님, 어느 날 소리 소문없이 사라지셨는데 아마 우리 경찰을 잘 이용해 보려고 하다 여의치 않자 포기한 것 같습니다.

　　하지만 천안의 'K . H' 회장님, 관악의 'N . L' 회장님, 동작의 'K . J' 회장님, 용산의 'Y . J' 회장님, 광진의 'H . L'회장님, 강남의 'K . Y' 회장님 등 식사 한 번도 제대로 대접해 드리지 못했지만 경찰이 아쉬울 때 가뭄에 단비처럼 나타나는 수호지의 '급시우 송강' 처럼 도와주시던 이분들과 헤어진 지 십수 년이 지났어도 늘 우리 경찰을 이해해 주시고 사랑해 주셨던 그 모습을 영원히 잊지 못하고 있습니다.

고장난명 속독원배(孤掌難鳴 速獨遠輩)

손뼉은 마주쳐야 소리가 나고 멀리 가려면 함께 가야 합니다. 경찰의 업무를 깊이 이해하고 사랑해 주시는 협력단체원분들과 '같이'와 '더불어'를 실천한다면 어렵고 힘든 일도 잘 헤쳐나갈 수 있을 거라 확신합니다.

- 경찰 김정환의 유쾌하고 솔직한 청렴이야기 -

목민경찰

39+

Part 6

맑은 물로
흐르고 싶다

38

신뢰와 우직은 일맥상통

이목지신(移木之信)

미생지신(尾生之信)

약속을 철저히 지키는 자세와 우직하고 융통성이 없지만 그 모습에서 신의를 찾는다

– 사기 '상군열전', '소진열전'

移 옮길 이, **木** 나무 목, **之** 갈 지, **信** 믿을 신
尾 꼬리 미, **生** 날 생

상앙은 전국시대 진나라 통일의 초석을 다진 법치주의자로 어느 날 그가 법을 하나 만들어 놓고 무조건 지키라고 할 수 없어 이를 시행하지 못하고 고민하다가 한 가지 꾀를 내게 됩니다.

도성 남문 근처에 커다란 나무 기둥을 하나 세우고 "누구든지 이 기둥을 북문으로 옮겨 놓는 자에게는 금 열 냥을 주겠노라"라는 방을 붙였으나 이를 본 백성들은 평소 믿음을 주지 못한 관의 행태에 시큰둥한 반응을 보이자 상금을 다섯 배로 올렸고 혹시나 하는 마음에 힘 좀 쓰는 한 남자가 달려들어 나무 기둥을 북문으로 옮기자 '상앙'은 그 약속대로 금 오십 냥을 준 후 제정해 놓은 법을 공포하자 그때서야 백성들은 조정을 믿고 법을 잘 지켰다는 이야기가 있습니다. 큰 권력을 가진 진나라 '상앙'이라도 법 시행 전에 '나무 기둥 옮기기'로 백성의 믿음을 먼저 얻은 것은 아무리 좋은 법이라 해도 백성들의 신뢰가 없고 이를 지키고자 하는 분위기가 조성되지 않으면 공염불에 불과하다는 것을 알고 있기 때문일 것입니다.

법은 모든 사람에게 공명정대하게 적용되어야 합니다. 상앙이 새로운 법을 공포하고 1년이 지나 그 법에 불편함을 느낀 일부 백성들의 원성과 아울러 태자가 법을 위반하는 사건이 벌어지자 '상앙'은 태자의 스승을 엄히 처벌하는 등 준엄한 조처를 내립니다. 이렇게 법을 만들거나 국가 정책을 펼치기 위해서는 사전에 국민적 신뢰가 무엇보다 중요하며 국민도 정당한 절차에 따라 만들어 놓은 법령과 규칙 등 각종 규범을 반드시 준수해야 할 것입니다.

자기만의 굳은 신의(信義)를 지키기 위해 목숨까지 바친 미련한 위인도 있습니다. 노나라의 미생이라는 사람은 너무나 우직해서 자신의 집에 없는 간장을 좀 꿔 달라는 이웃의 요청에 잠깐 기다리라고 하고 뒷문으로 나가서 다른 집에 가서 간장을 꿔다 줄 정도로 융통성이 전혀 없는 사람이었습니다. 그런 미생이 사랑하는 연인과 약속을 지키기 위해 자신의 목숨을 버리게 된 고사가 미생지신(尾生之信)입니다. 어느 날 미생은 강 다리 밑에서 사랑하는 연인을 만나기로 하였는데 아무리 기다려도 그 여인은 오지 않고 갑자기 내리는 장대비로 인해 약속 장소에 꼼짝하지 않고 서 있는 미생의 머리 위까지 강물이 차 올라 결국 미생은 물에 빠져 죽고 말았다고 합니다. 이런 미생의 행동을 어떻게 보아야 할까요? 위험한 상황에서도 연인과 약속을 지키기 위해 목숨을 바친 신의의 화신으로 보아야 할까요? 쓸데없는 명분에 집착하여 소중한 목숨을 가벼이 여기는 융통성이 전혀 없는 어리석은 바보로 보아야 할까요?

저는 국민권익위원회 청렴연수원 등록 청렴교육전문강사 자격으로 요청하는 기관에 가서 공공기관 법정 의무교육인 청렴교육을 실시하고 있습니다. 이 자리에서 주로 청탁금지법과 이해충돌방지법, 공무원 행동강령 등 반부패 청렴관련 7대 법령을 이야기하면서 아무리 좋은 법이라도 지키지 않으면 공염불이라는 것을 강조하고 또 강조하고 있습니다.

얼마전에는 전국 최초로 세종시의 언론문화 개선을 위해 기자 4백여 명이 가입된 6개 언론단체와 세종시, 시의회, 교육청, 경찰청 등 4개 기관이 참여한 '참언론운영운원회'가 발족되었는데 제가 만장일치로 위원장으로 위촉되어 몇 차례 회의를 거친 난상토론 끝에 운영 정관과 세칙을 만드는 데 성공하였습니다. 저는 이 자리에서 아무리 맛있는 반찬도 상 위에 올려놓고 바라만 보아서는 맛을 알 수 없듯이 아무리 잘 만든 법도 지키지 않으면 한낱 글자에 지나지 않으며 '악법도 법'이라는 만고의 진리를 상기할 것을 강조하였습니다.

이목지신 미생지신(移木之信 尾生之信)

법을 만들어 놓고 어떻게 하면 백성들에게 잘 이해를 시키고 공명정대하게 법을 집행할 것인가를 고민했던 진나라 상앙과 우매하지만 약속을 지키기 위해 죽음도 불사했던 미생이 되어 법과 규범을 준수하는 가운데 상호신뢰와 상식이 통하는 살맛나는 세상이 되었으면 좋겠습니다.

물 한 잔도 뇌물?

궤유은결(饋遺恩結)
사이행의(私已行矣)

선물로 보내온 물건이 비록 아주 작은 것이라 하더라
도 은정이 이미 맺어졌으니 사사로운 정이 이미 행하
게 되는 것이다

-목민심서 율기편 '청심'

饋 먹일 궤, **遺** 끼칠 유, **恩** 은혜 은, **結** 맺을 결

私 사사로운 사, **已** 이미 이, **行** 갈 행, **矣** 어조사 의

명절과 선물, 그리고 청탁금지법! 명절을 앞둔 어느 날 마을 통장을 하고 계신다는 고향 분이 전화해서 같은 아파트 관리소장이 선물을 한다고 하는데 받아도 되느냐는 전화가 왔습니다. 2016년 9월 28일 청탁금지법이 시행되어 이제는 어느 정도 정착단계에 들어갔는데도 이렇게 일반인은 물론 일부 공직자도 법 적용 대상이나 선물 가액 범위 등이 헷갈리는 경우가 간혹 있어 이해를 돕고자 합니다.

첫째, 공직자등이 아닌 일반인은 얼마든지 선물을 주고받을 수 있습니다. 선물 등을 받는 사람이 공직자등이 아니면 청탁금지법이 적용되지 않고 금액 제한도 없습니다. 즉 주는 사람이 아니라 받는 사람이 공직자등일 때 이 법이 적용되는 것입니다. 여기서 공직자등이란 공무원과 공직유관단체 및 공공기관에 근무하는 사람과 학교와 언론기관 종사자 등이 해당되며 공직자등의 배우자와 법령에 따라 설치된 각종 위원회에 참여하는 민간위원 등도 포함됩니다. 예를 들면 이장·통장이 명절에 선물을 받거나 하도급업체 대표가 하청을 준 민간업체 담당 직원에게 선물을 주는 것은 법 적용 대상이 되지 않기 때문에 무방하나 학교운영위원회나 주민자치회 위원 등은 공무수행사인에 해당되어 법 적용 대상이 됩니다.

둘째, 공직자등이라 하더라도 예외적으로 허용되는 금품등은 받을 수 있습니다. 원활한 직무수행·사교·의례·부조의 목적으로 제공되는 음식물 3만 원, 선물 5만 원, 축부의금 5만 원까지는 예외적으로 허용하며 추석과 설에는 농·수산물과 그 가공품은 30만 원까지 가능합니다. 예를 들면 직무 관련성 없는 공직자 상호 간에는 1회 100만 원까지 식사·선물이 가능하며 인사평가 기간이라 하더라도 하급자가 상급자의 경조사 시에 5만 원(화환·조화 10만 원)의 부조금도 가능합니다. 그러나 인·허가나 지도·단속, 입찰, 조사 등을 담당하는 공직자등은 민원인으로부터 단 1원도 허용되지 않습니다.

셋째, 음식물과 경조사비, 선물은 유의해서 받아야 합니다. 허용되는 음식물, 선물이라고 무조건 받아서는 안 되며 음식물은 제공자와 공직자등이 함께하는 식사 다과, 주류, 음료 등이어야 하며 경조사비는 결혼과 장례에 한하며 돌이나 팔순 잔치 등은 해당이 안 됩니다.

금전, 유가증권 즉 온누리 상품권, 백화점 상품권, 지역 상품권 등 금액 상품권 등은 선물에 해당하지 않으므로 유의해야 하지만 기프티콘이나 문화관람권, 온라인 상품권은 5만 원까지 가능합니다.

'선뜻 주면 선물이요 뇌를 굴려 주면 뇌물이고, 받고 잠 잘 자면 선물이고 잠 못 자면 뇌물이고, 남에게 자랑하고 싶으면 선물이고 감추고 싶으면 뇌물이고, 나중에 감사하다고 주면 선물이요, 잘 봐 달라고 먼저 주면 뇌물이고, 언론에 보도되어도 문제없으면 선물이고 보도되어 탈 나면 뇌물이다'라고, 선물과 뇌물의 차이를 누군가 이렇게 재미있게 풀어 놓은 것을 보았습니다.

이와 같이 동서고금을 막론하고 공직자라 함은 청렴을 기본으로 갈수록 더욱 높은 가치를 요구하고 있는 것이 현실입니다. 하지만 보편적 삶을 살아가는 대부분의 사람들은 함께 사는 건강한 사회를 위해 작은 것이라도 나눠 먹는 정이 넘치는 정겨운 모습을 그리워합니다. 이러한 정서 등을 반영하여 추석과 설 명절 기간에 한시적으로 청탁금지법상 공직자등이 예외적으로 받을 수 있는 한우, 생선, 과일 등 농수산물과 홍삼, 젓갈 등 농수산가공품의 선물 가액 범위를 기존 20만 원에서 30만 원으로 상향 조정한 것은 참 잘한 일이라 생각합니다.

제가 서장으로 재임 시, 추석과 설이 다가오면 전통시장에서 맛있는 떡집을 하시는 집안 누님에게 '영양떡'을 미리 맞추어 놓은 후 명절 전날, 아내와 함께 떡을 끌개에 싣고 지구대 파출소를 돌면서 떡을 팔러(?) 다니곤 했습니다. 정년퇴직 후에도 딸기, 참외, 복숭아, 수박, 포도 등 제철과일을 차 트렁크에 싣고 지구대와 파출소에 가서 강매(?)하고 차 한잔 얻어 마시는 이 기분! 실천하지 못한 사람은 정말 모를 겁니다. 얼마 전 어느 지구대에 가서 "딸기 좀 사 주세요"라고 하면서 들어가니 저를 모르는 신임 후배가 "안 됩니다. 여기는 이런 거 파는 데가 아닙니다."라고 문전박대를 당하는 순간, "아이쿠 서장님!"하면서 팀장님이 반색을 하며 나오십니다. 이 장면이 제가 정년퇴직 후 만들어 놓은 몇 개의 버킷리스트 중 그 하나를 실행하면서 즐거움을 만끽하는 순간이기도 합니다.

궤유은결 사이행의(饋遺恩結 私已行矣)

직무와 관련되어서는 단 1원이라도 주고받으면 안 되지만 우리의 소중한 미풍양속 속에 이웃끼리 서로 정을 나누는 미덕은 그대로 남아 따뜻하고 푸근한 추석과 설이 되었으면 좋겠습니다.

40

오해는 나의 몫

과전불납리(瓜田不納履)
이하부정관(李下不整冠)

오이밭에서는 신발을 고쳐 신지 말며
오얏(자두)나무 아래서는 갓끈을 고쳐 매지 마라

— 명심보감 '정기 편'

瓜 오이 과, 田 밭 전, 不 아닐 불, 納 바칠 납, 履 밟을 리,
李 자두나무 이, 下 아래 하, 不 아닐 불, 整 가지런할 정, 冠 갓 관

연초 베를린에 본부를 둔 국제투명성기구(TI)에서 발표한 2023년도 우리나라 청렴도는 180개국 중에 32위(전년도 31위)라고 발표하였습니다. 이는 GDP 10위국의 경제력과 6대 군사대국 및 우주강국 7위의 위상에는 미치지 못하는 성적이라 해도 과언이 아닙니다. 이렇게 우리나라 청렴도가 상승하지 않는 이유는 무엇일까요?

LH 사태라든지 가짜 수산업자 사건에서 보듯이 공직자로서의 신분을 망각하고 업무처리 중에 지득한 정보를 이용하여 개발대상 지역에 부동산을 매입, 막대한 재산상 이득을 취한다든지 유명인에게 소개 받았다는 편한 마음으로 별생각 없이 사기성이 농후한 사람으로부터 금품을 수수한다든지 고위공직자나 채용 또는 계약 담당자가 자신의 가족을 특별채용하거나 수의계약을 하는 등 국민의 눈높이에 한없이 낮은 저급한 행태를 보이는 극소수 공직자들의 행태가 우리나라 청렴도를 이렇게 거의 제자리 걸음으로 만들어 놓고 있습니다.

모든 공공기관, 공직유관단체는 부패방지권익위법 제8조에 따라 '공직자 행동강령'을 자체적으로 제정해 놓고 있고 대다수 공직자들은 이를 숙지하면서 잘 이행하고 있습니다.

'공직자 행동강령'에 의하면 공직자는 모든 공적 업무를 공정하게 수행 해야 하고 부당이득을 수수해서는 안 되며 건전한 공직 풍토의 조성에 노력해야 하는 등 공직자들이 부정한 청탁이나 금품 수수의 유혹 및 이해충돌 상황 등에서 어떻게 행동해야 할 것인가를 명기해 놓고 있습니다. 하지만 이 강령은 제재 수단이 징계로 한정되어 있고 선출직 등에 대해서는 규정 적용이 어려운 실정입니다. 이러한 점을 악용한 극소수 공직자들에 의해 지속적으로 부패, 비리 등이 발생하고 있고 연고주의, 온정주의, 정실주의가 사라지지 않고 있어 이를 어떻게 예방하고 제재를 할 것인가를 고민하다 진작에 '청탁금지법'과 같이 제정되어야 할 '이해충돌방지법'이 여러 이유로 법제화 되지 못하고 '공무원 행동강령'에 들어 있다가 LH 사태 등으로 법으로 제정되어 2022년 19일부터 시행하게 되었습니다.

　이해충돌이란 공익과 사익이 충돌하는 경우 사익에 눈이 가는 경우를 방지하기 위해 제정된 법으로 공직자가 직무를 수행할 때에 자신의 사적 이해관계가 관련되어 공정하고 정직한 직무수행이 저해되거나 저해될 우려가 있는 상황을 의미합니다. 이해충돌 그 자체는 부패가 아니지만 이해충돌 상황에 놓인 공직자는 그렇지 않은 경우에 비해서 부정한 사익을 추구하거나 부패행위를 저지를 가능성이 높기 때문에 이를 적절히 관리하고 통제해서 부패를 사전에 예방하기 위해 이 법을 제정하게 되었습니다. 이해충돌방지법은 타 법과 달리 '과정'이 강조되는 법으로 이에는 공직자가 해야 할 신고·제출 의무 5가지와 하지 말아야 할 제한·금지 행위 5가지로 구성되어 있습니다.

　인·허가, 채용, 입찰, 계약, 재화, 용역, 학교, 병역, 평가, 판정,

수사 등 16가지 대상 직무를 수행하는 공직자는 민법 제779조에 규정되어 있는 가족 등 사적이해 관계자가 직무관련자가 되어 자기를 찾아온 경우 이를 소속기관장에게 신고하고 회피하지 않으면 징계와 함께 과태료 2천만 원의 제재를 받게 됩니다. 부동산을 직접 취급하는 공공기관에 소속된 모든 공직자는 업무와 관련된 부동산을 보유 및 매수한 경우 신고하여야 하며 직무관련자가 공직자 자신이나 자신의 배우자 및 자녀, 부모 등과 금전이나 부동산을 거래하거나 용역 계약 등을 체결하는 경우 신고하여야 합니다. 자치단체장이나 지방의회 의원 등 등록재산 공개자들인 모든 고위공직자는 임기 개시 3년간의 민간부문 업무 활동 내역을 30일 내에 제출해야 하며 2년 이내 퇴직한 직무관련자와 골프나 여행 및 사행성 오락 등을 하는 경우 소속기관에 신고하지 않으면 징계 및 1천만 원의 과태료를 부담하게 됩니다.

공직자는 직무관련자에게 사적으로 조언이나 자문을 해 주고 대가를 받는 경우 등 공정성을 저해할 우려가 있는 경우를 제한하고 있으며 소위 부모 찬스, 지인 찬스 등 채용 특혜로 인해 대다수 청년 구직자들에게 상실감과 허탈감을 안겨 주는 일이 없도록 소속 고위공직자나 채용업무 담당자 등은 자신의 자녀나 동생 등 가족이 공정한 경쟁 절차 없이 채용되도록 지시·유도하거나 묵인을 해서는 안 됩니다. 역시 고위공직자나 계약담당자는 자신의 배우자 및 부모나 자녀 등 가족과 수의계약을 체결하지 못하도록 규정하고 있는데 이를 위반한 고위공직자나 담당자는 징계와 더불어 3천만 원의 과태료를 부과하고 있습니다.

금지조항 마지막 항목인 '직무상 비밀 등 이용 금지'는 이해충돌 방지법을 제정하게 된 가장 큰 배경으로 공직자가 직무수행 중 알게 된 비밀 또는 소속기관의 미공개 정보를 이용하여 재물 또는 재산상 이익을 얻거나 제3자로 하여금 취득하게 하는 경우 7년 이하의 징역이나 7천만 원 이하의 벌금에 처하고 이 비밀을 이용하여 재물이나 재산상 이득을 취한 공직자가 아닌 제3자도 5년 이하의 징역이나 5천만 원 이하의 벌금에 처하는 등 강력한 제재를 가하도록 되어 있습니다.

과전불납리 이하부정관(瓜田不納履 李下不整冠)

오이밭에서는 신발을 고쳐 신지 말며 오얏나무 아래서는 갓끈을 고쳐 매지 마라는 선인들의 말씀을 새기며 스스로 자신에게 묻습니다. 과연 학생들이나 후배 공직자들에게 청렴을 이야기할 자격이 되는지...? 경찰관 재직 중 청렴한 공직자상을 위해 얼마나 노력했는지...? 그리고 정말 떳떳했는지...? 그 답은 아직도 늘 물음표입니다.

41

금(金) 중의 금(金)
3금(禁)

불위이유(不爲利誘)
불위위굴(不爲威屈)

공직자는 백성의 준엄한 명령인 법을 준수하는 가운데 이(利)에 유혹되거나 위(威)에 굴복해서는 안 된다
– 목민심서 봉공 편 '수법'

不 아닐 불, **爲** 할 위, **利** 이로울 이, **誘** 꾈 유
不 아닐 불, **爲** 할 위, **威** 위엄 위, **屈** 굽을 굴

우리가 평소 장난스럽게 이야기하면서 가장 비싼 금을 말하라고 하면 소금, 현금, 지금이라고 하지만 공직자들이 가져야 할 가장 소중하고 비싼 금은 무엇보다 엄금(嚴禁)입니다. 이 엄금은 공직생활을 하면서 잘못 다루었다가는 한 방에 훅 가는 무섭고도 두려운 '금'이라 해도 과언이 아닙니다.

엄금(嚴禁)에는 세 가지가 있습니다.

첫째는 금품수수, 둘째는 성 범죄, 셋째는 음주운전입니다. 이 세 가지는 어느 것 하나 중요하지 않은 것이 없습니다. 세 가지 중 하나라도 접촉하게 되면 인생의 쓴맛을 제대로 경험하게 될 수 있습니다. 자기가 취급하고 있는 개인정보를 흥신소에 팔아넘겨서 결국 그 주소를 입수한 자가 살인을 저지른 사건도 있었고 6급 공무원이 6만 원짜리 화장품을 선물 받고 조직에서 배제된 사건도 있었습니다. 평소 조용하면서 성실하다는 평을 듣던 어느 유부남 직원은 관내 대상업소를 운영하는 여사장으로부터 지속적으로 금품을 제공받으면서 깊은 관계를 이어가는 과정에서 서로 갈등이 생기면서 폭력행사를 하여 형사처벌 후 배제된 사례가 있었습니다. 그 직원을 우연히 만났는데 말로는 잘살고 있다고는 하는데 나중에 들은 이야기는 아주 힘든 생활을 하고 있다는 소식을 들을 때 참 마음이 아프고 제가 더 한번 챙겼어야 했는데 하는 후회를 하게 한 사건입니다. 이렇게 직을 수행하다가 한눈을 팔게 되면 자신은 물론 가족과 상사 및 조직에까지 큰 부담을 주는 이러한 금품 수수 사건은

끊이지 않고 발생하고 있습니다.

성범죄도 마찬가지입니다.

성범죄란 타인의 신체와 성적인 자유를 침해하고 성적 수치심이나 불쾌감을 유발하는 행위를 말하는데 이러한 성범죄를 저질러서 100만 원 이상의 벌금형을 받게 되면 공무원이 될 수도 없고 당연 퇴직 사유가 되는 강도 높은 처벌을 받는데도 지속적으로 발생하고 있습니다. 공무원이 회식자리에서 여직원을 껴안았다거나 술에 취한 공무원이 공원에서 미성년자를 추행하였다거나 지하철 내에서 불법촬영을 하다가 현행범으로 체포되는 등 최근 공무원이 저지른 성범죄는 계속 증가 추세에 있습니다.

음주운전, 정말 큰 문제입니다.

한 해 음주운전을 해서 적발되는 공직자가 800여 명이라는 통계를 보면 정말로 술에 취해서 운전하는 공무원이 이렇게 많은가? 의심하지 않을 수 없습니다. 나들이를 마치고 귀가하던 저희 집안 동생네 가족은 만취한 공무원이 몰던 차에 받혀서 차에 타고 있던 엄마가 사망하였는데 재능 많고 똑똑한 사망자의 중2 아들은 엄마의 죽음을 인정하지 못하고 학교도 가지 않고 자기 방에서 2년 째 나오지 않고 있습니다. 이렇게 기분 좋게 마시고 핸들을 잡은 못된 사람으로 인해 한 가정이 산산조각이 나 버렸습니다. 너무도 원통하고 기가 막힌 일이 아닐 수 없습니다.

또한 공직자는 불법 부당한 상사의 명령에 절대 굴복해서는 안 되며 굴복한 그 결과는 자신이 스스로 져야 합니다.

아주 아주 먼 옛날 김 순경이 300만 원짜리 단칸방 전세 살던 시절, 어느 누가 업무와 관련해서 무거운 수표 한 장을 건네 주려는 시도를 합니다. 처음엔 무엇인지 몰랐으나 수표인 것을 알게 되고 속으로 육두문자를 탑재해서 거절한 적이 있습니다. 지금 생각해 보아도 김 순경은 너무 잘한 것 같습니다.

불위이유 불위위굴(不爲利誘 不爲威屈)

공직자는 항상 벼랑 끝에 있는 형국입니다. 유혹에 빠지거나 위력에 무릎을 꿇는다면 그 책임을 오로지 자신이 질 수밖에 없다는 강한 각오로 공직에 임하여야 할 것입니다. 그것이 공직자를 지켜주는 힘이기 때문입니다.

42

존재의 가벼움은
돌아보며 채워야

숙숙청청(肅肅淸淸)
이절의방(以絶疑謗)

지역의 세력가나 간사한 사람을 늘 조심해야 하며
친척이나 친구들도 단단히 단속하여 의심을 받거나
비난을 사는 행동을 절대 하여서는 안 된다

— 목민심서 율기 편 '병객'

肅 엄숙할 숙, 淸 맑을 청
以 써 이, 絶 끊을 절, 疑 의심할 의, 謗 헐뜯을 방

조선 정조 때 참판 유의가 홍주목사로 갔을 때 관내 사는 유력자를 찾아뵙고 인사를 드리라는 조정의 힘 있는 대신의 부탁을 하나도 들어주지 않았는데 유의는 그 이유를 '임금께서 이미 홍주의 백성 전체를 나에게 맡겨서 그들을 보살피게 하였는데 조정 고관의 부탁이 임금의 명령보다 더할 수야 있겠는가? 만약 내가 치우치게 한 사람을 골라서 그 사람만을 문안하고 그 사람만을 보호한다면 이것은 임금의 명령을 어기고 사사로운 명령을 받는 것이니 내 어찌 감히 그렇게 할 수 있겠는가?'라고 하였다고 합니다. 이는 모름지기 관내 유력자 등 지역 토호를 찾아 인사하고 친분관계를 맺는 것을 경계하라는 것일 겁니다.

관서장으로 부임하게 되면 지역 기관장은 물론 이른바 지역 유지라고 하는 사람들이 보내는 축하 난으로 집무실을 꽉 메우는 경우가 있습니다. 심지어 전혀 모르는 사람들로부터 많은 축하 난을 받게 됩니다. 축하 난 숫자가 안팎으로 자신의 위상을 나타내는 증표가 되기도 합니다. 만약 축하 난을 거절하게 되면 결국 택배 기사님과 부속실 직원을 난처하게 만들며 결국 그 '난'은 보낸 사람에게 되돌아가는 것이 아니라 중간에 다른 사무실로 숨어 들어가는 기현상이 벌어지게 되며 보낸 사람은 자신의 성의가 해당 기관장에게 도달되었다고 여기게 됩니다. 참 난감한 일입니다.

기관장으로 부임하게 되면 축하 플래카드를 게시하게 됩니다. 당연히 당사자가 요청하지 않아도 종친회, 동창회, 출신 학교 등 여기저기서 앞다투어 플래카드를 게시하게 됩니다. 저도 고향 경찰서장으로 부임하자 서너 군데 플래카드가 게시되었습니다. 그리 기분이 나쁘지는 않았지만 중학교 정문 외는 제발 떼어 달라고 사정사정 한 기억이 납니다.

부임 후에는 각 기관을 방문하는 과정에서 여기저기 방문 요청이 쇄도합니다. 어느 일반인은 기관장이 자기 사무실에 들른 것을 큰 유세로 삼고 두고 두고 이야기를 하면서 자신의 능력을 과시하는 것을 보게 됩니다. 여기서 부패의 싹이 트기 시작합니다. 최근 어느 지방에서 수십 년간 그 지역에서 토호 세력으로 자리잡고 있는 사건 브로커에 뇌물을 주고 승진을 청탁했거나 수사와 관련해 금품 수수 혐의를 받은 사람들이 줄줄이 직위해제 되거나 수사를 받고 있다는 보도가 나왔습니다. 참 안타까운 일이 아닐 수 없습니다.

공직을 수행하면서 많은 사람을 만나게 됩니다. 업무와 관련되어 순수하게 만난 후 그 기관을 떠나면 담백하게 헤어지는 것이 중요합니다. 어느 기관장은 부임지의 유력인사들과 모임을 만들고 같이 여행도 가고 심지어 배우자분들까지 가깝게 지내다가 금전문제로 큰 고통을 겪는 것을 보았습니다.

의숙숙청청 이절의방(宜肅肅淸淸 以絶疑謗)

　공직자는 늘 자기 자신을 돌아보면서 내 주변 사람들이 과연 나를 어떻게 생각하고 있는가? 내 직위나 직급 때문인가? 아니면 진실로 나를 위해 있는가?를 살피고 또 살펴서 정년퇴직까지 무사 무탈하게 가는 것이 슬기로운 공직살이라고 생각합니다.

43

공든 탑을 쌓을 때는
두려움과 정성으로

사외준수(四畏遵守)
적공기훼(積功豈毁)

의(義), 법(法), 상(上), 민(民)의 4가지를 두려워하고
이를 실천하기 위해서는 공을 들인 탑은 절대
무너지지 않는 자세로 매사 정성을 다해야 한다
— 목민심서 율기 편 '칙궁'

四 넉 사, 畏 두려울 외, 遵 쫓을 준, 守 지킬 수
積 쌓을 적, 功 공 공, 豈 어찌 기, 毁 헐 훼

공직자는 각종 법령을 준수하며 사명감과 책임감을 갖고 공정과 정의를 실현하기 위해 성실함과 정직을 무기로 오로지 시민과 공공의 이익을 위해 최선을 다해야 합니다. 이러한 바람직한 자세를 갖춘 공직자야말로 국가와 국민에게 신뢰받는 전문가로서 인정을 받을 수 있습니다. '4외(畏)' 즉 '의(義)'를 지켜 정의를 추구하고 '법(法)'을 준수하여 자신과 가족과 조직과 국가를 지키고 상사의 정당한 명령에 복종하면서 업무를 소통 화합 속에 처리하는 '상(上)'과 모든 업무는 오로지 시민을 위한 업무가 되어야 하는 '민(民)'의 4가지의 두려움을 망각해서는 안 된다는 의미입니다.

큰 공부를 다 마친 후 드디어 시험에 합격하면 이제 모든 공부는 끝이라고 하지만 어느 날 무거운 옷을 입고 근엄하게 앉아 옳고 그름을 판단하던 높으신 분이 다시 인생의 쓰디쓴 공부를 하러 큰 집에 들어가는 모습을 보이거나 아니면 극단적인 선택을 하면서까지 결백을 주장하지만 석연치 않은 대목이 보이는 이른바 사회지도층 즉 정치인과 재산을 공개하는 1급 이상의 고위 공직자를 우리는 간간이 보게 됩니다. 이들이 간과한 것은 '의'와 '법'과 '상'과 '민'의 4가지 두려움이며 이를 실천하기 위한 정성을 들이지 않음입니다.

국민권익위원회 발표를 보면 성인 국민 1천 400명, 기업인 700명, 공무원 1천 400명 등을 대상으로 실시한 '2023년 부패인식도' 조사 결과 국민 중 38%는 공직 사회가 부패했다고 인식하고, 56%는 우리 사회가 부패했다고 보는 것으로 보도하고 있습니다.

감찰업무를 하면서 구속된 동료를 조사하러 간간이 구치소에 가서 접견을 하다 보면 대부분은 범죄 사실을 강하게 부인하면서 탓을 남으로 돌리는 것을 보게 됩니다. 장래가 촉망되는 어느 간부는 관내에서 유흥주점을 하는 고향 선배로부터 부하 직원을 통해 많지 않은 금전을 받고 어려운 지경이 되었는데 오로지 부하 직원의 꾐에 빠져서 이 지경이 되었다고 넋두리를 합니다. 당일 그 부하 직원도 접견을 했는데 그 직원은 "자신은 상사의 명령만 충실히 수행하였을 뿐, 돈을 받거나 접대를 받은 적이 절대 없다고 정말 억울하다"고 한탄을 합니다. 참 안타까운 일이 아닐 수 없습니다.

또한 공가사치(公暇思治)라 하여 공·사에 여가가 있으면 반드시 정신을 모아 고요히 생각하며 백성을 편안히 할 방책을 헤아려 지성으로 잘 되기를 강구해야 한다'라고 말합니다. 휴일에 친구들과 이리저리 어울려 다니다가 큰 낭패를 본 사례를 소개합니다. 골프를 마치고 일행들과 1차에 이어 2차까지 가서 노래방에서 열심히 도와주시던 분에게 좋지 않은 행동을 하였고 그로 인해 결국 조직에서 배제되는 불운을 겪고 지금은 백수로 어렵게 생활하고 있는 지인이 있습니다.

역시 비슷한 사건입니다. 월요일 아침 출근길에 공직자인 고향 선배로부터 전화가 옵니다. "어제 산행을 하고 내려오다가 다른 일행과 기분 좋게 합석하여 노래를 열심히 불렀는데 그 과정에서 문제가 발생했다"는 내용입니다. 전말을 들어보니 노래만 부른 것이 아니라 서로들 기분이 업되어 신나게 춤을 추는 과정에서 상대방이 넘어지고 그로 인해 허리가 아프다고 하면서 돈을 요구한다며 씩씩 거립니다. 그러면서 그 나쁜 상대방을 어떻게 했으면 좋겠느냐고 합니다. 그 나쁜 상대방보다 선배님이 더 나쁘다는 말로 한 방 먹이고 얼른 치료비는 물론이고 요구하는 내용 다 들어 드리라는 아주 슬기롭고 합리적인 해답을 주고 전화를 끊었습니다. 그 선배, 그날 아주 비싼 노래방 비용을 지불하였습니다. 공직자는 쉴 때도 소심하고 조신하게 쉬어야 한다는 교훈을 주는 사례라고 생각합니다.

사외준수 적공기훼(四畏遵守, 積功豈毁)

공직자는 늘 두려움 속에서 매사 정성을 들여 행동하여야 하며 그렇게 하지 못한다면 얼른 그 무거운 공직을 내려놓고 빨리 다른 일을 찾아야 할 것입니다.

Part 7

귀향, 새로운 출발

44

눈은 크게 뜨고
귀는 활짝 열고

명사목 달사총(明四目 達四聰)

사방으로 눈을 밝히고, 사방으로 귀를 열어 잘 보고
잘 들어야 백성을 위한 올바른 정치를 할 수 있다

– 목민심서 이전 편 '찰물'

明 밝을 명, 四 넉 사, 目 눈 목
達 통달할 달, 四 넉 사, 聰 귀 밝을 총

3년 전 어느 날, 세종시 관계자로부터 "세종시감사위원회 위원을 해 주시겠습니까?"라는 전화 한 통은 경찰을 마치고 앞으로 무엇을 할까 고민하던 저에게 한 장의 보랏빛 연서(戀書)나 다름없었습니다. 경찰 재직 중 동료의 신상을 정리해야 하는 일이 너무도 힘들고 어려워 기억에서 지우고 싶었던 5년여 감사·감찰 업무였지만 그 괴로웠던 시간의 쓰린 경험이 감사위원으로서 고향 세종시에 맑은 공기를 불어넣는 데 일조할 수 있겠다는 기대감에 자못 설레기도 하였습니다. 하지만 막상 위원직을 수행하면서 매월 심의 때마다 가졌던 한결같은 생각은 프로페셔널한 위원장님과 동료 위원님들을 보면서 한없이 부족한 자신을 발견하는 부끄러운 시간이기도 하였습니다. 이런 소중한 경험을 바탕으로 위원님들의 뛰어난 역량을 자랑하면서 3년간의 위원회 참여 소회를 지역신문에 기고한 적이 있어 소개합니다.

　세종시감사위원회가 합의제 행정기관의 위상을 확실히 지켜갈 수 있도록 든든한 바람막이를 해 주시고 위원회의 신뢰 제고를 위한 예방감찰과 사전 컨설팅 감사를 정착시키는 등 확실한 감사기반을 다져 주신 대한민국 공직자의 표상이며 존재 자체가 walking dictionary이자 업무 매뉴얼이신 김 위원장님

　대한민국 법조인들의 사표이자 겸양지덕의 인품으로 노블레스 오블리주를 실천하시면서 우리 위원회가 제 길로 갈 수 있도록 가르마를 확실히 타 주시고 또 위원회의 소통·화합을 위해 물심양면

으로 지원과 격려를 아끼지 않으신 위원들의 좌장 정 위원님

세종시 공직자들의 큰형님으로 연기군의 전설까지 고스란히 간직하고 계시면서 관련자의 품성과 깊은 내면까지 살필 수 있도록 의미 있는 정보 제공으로 심도 있는 감사를 할 수 있도록 해 주신 무게감이 바위 같으신 고 위원님

건축 관련 최고 전문가로 누구도 범접할 수 없는 탄탄한 실무경험과 사례를 바탕으로 확실한 한마디 한마디가 비수와 같이 예리하면서도 솜같이 부드러움을 가미하여 위원회의 품격을 높이는 데 큰 역할을 해 주신 김 위원님

위원들이 자칫 간과할 수 있는 디테일한 부분을 콕 집어낸 후 대안을 제시하는 등 위원회가 나가야 할 방향을 제대로 가르쳐 주시면서 이정표 역할을 톡톡히 해 주시는 기획의 달인이자 부드러운 카리스마의 소유자 이 위원님

완벽히 소화시켜 둔 그 두껍고 무거운 법전의 내용을 바탕으로 심의 자료의 완벽한 검토를 토대로 한 선공(先攻)은 위원들에게 질문의 영역을 넓혀 주는 방향키 역할을 해 주고 중간중간 예리한 지적에 덧붙인 통찰력에 힘입어 담당자들의 업무 역량을 제고시켜 위원회를 더욱더 살찌워 주신 박 위원님

세종시에 청량함과 희망의 공기를 불어 놓고자 하는 일념과 추상같은 결기로 동료 직원의 오류를 집어내는 일은 아무나 할 수 있는 일이 아닙니다. 업무에 정통해야 함은 물론이고 공과 사에 있어서도 도를 닦는 마음과 자세로 임해야 하는 감사업무는 직접 해보지 않은 사람은 이해하기가 어려울 수 밖에 없습니다. 이러한 보람과 보상보다는 자칫 조직이나 동료들로부터 질시와 원망의 대상이 될 수 있는 어려운 일을 묵묵히 수행해 나가시는 사무국장님과 담당관님, 주무관님들...

이러한 노력으로 세종시 감사위원회가 감사원의 2023년 자체감사 활동심사에서 성과향상 최우수 기관으로 선정되었으며 국민권익위원회 발표, '2023년 공공기관 종합청렴도'에서 2등급으로 수직 상승하였다는 보도가 나왔습니다. 청렴도는 그 기관 도덕성의 잣대임은 물론이고 구성원이 가지고 있는 역량의 바로미터라고 해도 과언이 아닙니다.

이렇게 청렴도를 제고시키고자 '고위직 중심 반 부패 활동 강화' 일환으로 '시장과 시민이 함께하는 1박 2일'의 선뜻 내딛기 어려운 발품을 마다하지 않은 시장님의 광폭 행보에 보태어 감사위원회에서는 365일 24시간 '청렴 세종'의 비전을 내걸고 위원장이 앞장서서 부패에 취약한 공사·용역 현장과 부서를 방문해 청렴 컨설팅을 하는 등 부패 취약분야를 집중 관리하였습니다. 또한 매월 초, 실·국장의 청렴 메시지를 영상 및 방송을 통해 전 직원에게 공유하도록 함으로써 고위직의 청렴 의지를 전파하는 동시에 매월 11일을 '365 상호 존중의 날'로 지정, 갑질 발생 위험을 자가 진단토록 하는 등 청렴도 제고에 눈물겨운 노력을 한 성과가 그 빛을 발한 것이라고 생각합니다. 이에 저도 국민권익위원회 청렴연수원 등록 청렴교육 전문강사로서 2년에 걸쳐 2천여 세종시청 직원들께 공무원행동강령, 청탁금지법, 이해충돌방지법 등 '반부패 청렴 관련 7대 법령'을 주제로 한 졸강이 '세종시 청렴도 제고에 1μ 정도의 힘은 보태어졌을 것이다'라는 소심한 과욕으로 숟가락을 살짝 얹어 보았습니다.

이제 세종시감사위원회는 시의 적극적인 지원과 위원회 모든 구성원들이 합의제 행정기관의 위상을 제고시키는 데 일로 매진한 결과 외부 힘에 의해 절대 흔들리지 않는 위원회의 독립성이 완벽하게 확보되었으며 시정 및 교육행정 전반에 대한 비능률을 개선하는데 큰 성과를 거양하고 있다고 생각합니다.

명사목 달사총(明四目 達四聰)

2024년 2월에 새로 출범한 제4기 감사위원회는 눈을 더 크게 뜨고 귀를 더 활짝 열어서 우리 3기 위원회가 미처 못다 한 일을 찾아 내서 세종시가 더욱더 발전할 수 있는 초석을 다져 주시기를 기대합니다.

45

정년퇴직의 선물
자기계발

인십능지(人十能之)
자승자강(自勝者强)

남들이 한 번에 배우기를 마치는 것을 부러워 말며 수백 번 도전하면서 자신과의 싸움에서 이기는 자가 진정 승자다

−자사 '중용', 노자 '도덕경'

人 사람 인, 十 열 십, 能 능할 능, 之 갈 지
自 스스로 자, 勝 이길 승, 者 놈 자, 强 굳셀 강

늘 자기 계발(啓發)을 해야 한다는 이야기입니다. 우리가 언젠가는 은퇴를 하게 되는 데 이 은퇴란 어원은 retire로 타이어를 다시 갈아 끼운다는 의미랍니다. 김형석 교수의 100세를 살아보니, 늙지 않는 방법이 있더라는 말씀에서 30세까지는 부모의 그늘 아래 성장하면서 내가 나를 키워가는 단계이고, 65세까지는 결혼하고 아이 낳고 집사고 자녀 출가시키면서 일하는 단계이고 그다음 90까지는 사회를 위해서 일하는 단계라고 말씀하시는 것을 들었습니다.

노인이라는 단어 대신 시니어라는 단어로 대체하면서 55세에서 59까지는 예비 시니어, 60세에서 74세까지는 영 시니어, 75세 이상은 올드 시니어라고 하기도 한답니다. 그러기 위해서는 지공거사(지하철 공짜로 타는 사람)에 만족하지 말고 무언가 하는 일이 반드시 있어야 하며 그러기 위해서는 자신을 늘 괴롭히면서 자기 계발을 게을리 해서는 안 된다고 생각합니다.

저는 경찰에 들어와 정말 남들이 가지 않거나 가고 싶어도 못 가는 어려운 업무를 수행하면서도 짜투리 시간을 내어 대학을 졸업하고 석사와 박사를 취득하였습니다. 이 과정에 '나만 힘들 수는 없다'는 못된 심술기가 발동하여 근무지를 옮길 때마다 고졸학력의 후배들에게 학부와 석·박사를 마치도록 강권하고 협박(?)해서 무려 1백여 명이 넘는 피해자들이 발생하였으며 그들이 학부와 석·박사를 마쳤다는 소식에 흐뭇해 하기도 합니다. 그리고 정년퇴직 즈음에 국민권익위원회 청렴연수원 등록 '청렴교육전문강사'를 비롯한 다양한 분야의 여러 가지 자격을 취득하고 각 기관을 다니면서 평소에 섭섭했던 일을 살짝 예시로 들면서 소심한 복수(?)도 하고 가족자랑, 자기자랑 등등 허풍도 좀 섞어가며 열심히 청렴 강의를 하고 있습니다. 평소 게으름을 피웠다면 정년퇴직 후 이런 행복한 시간은 없었을 겁니다. 이러한 모습이 후배 경찰관들에게 긍정적으로 비추어져서 평소 공부하는 습관을 갖고 자기 계발을 통하여 성장하고 발전하는 계기가 되었으면 합니다. 이를 위해서는 효율적인 시간관리나 건강관리 등 확실한 자기관리가 필요합니다. 그리고 전문가를 만나거나 꾸준한 독서로 아이디어를 얻는 등 적극적인 노력도 경주해야 합니다.

인십능지 자승자강(人十能之 自勝者强)

자기 계발을 위해 부단히 노력하는 사람은 정년 퇴직 후에 보험금을 두 배로 수령하는 사람입니다.

46

떠날 때는
미련없이 말없이

체대불경(遞代不驚)

거안사위(居安思危)

공직자의 자리란 언젠가는 바뀌게 되는 것이니 자리
를 잃더라도 놀라지 말고 잃어도 연연하지 말아야 존
경을 받는다

−목민심서 해관 편 '체대'

遞 갈릴 체, 代 대신할 대, 不 아니 불, 驚 놀랄 경
居 있을 거, 安 편안할 안, 思 생각할 사, 危 위태할 위

공직생활을 하다 보면 자기가 원하는 자리를 갈 수도 있고 간절히 원하였는데 원치 않는 자리로 가게 되어 상심하는 일이 종종 있습니다. 특히 경찰은 한 계급씩 승진할 때마다 대부분 자리를 옮기게 되는데 그 계급에 걸맞는 전문적인 지식과 리더십이 요구되며 어려운 상황이 발생한 경우에 따른 신속하고도 합리적인 판단이 요구되며 그 뒤에 반드시 책임도 뒤따르게 됩니다. 저도 경찰 생활을 하면서 스물다섯 번 이동하였습니다. 그 중에 반은 원하는 자리였고 반은 그렇지 않은 자리였지만 불평하지 않고 그냥 주어진 여건에 따라 묵묵히 일을 한 결과 대과 없이 마칠 수 있었습니다.

원치 않은 자리에 간 이야기입니다. 순경으로 입직하여 파출소로 발령받아 휘파람 불며 재미있게 근무하던 어느 날, 사전에 일언반구 언질도 없이 경찰서 교통계로 발령이 났다는 이야기를 듣고 소심하게 항의를 했지만 이미 결정이 나버린 뒤였습니다. 발령받아 자리에 앉아 보니 전임 근무자가 문제가 있어 그 뒤치다꺼리를 해야 하는 힘들고 괴로운 자리였지만 법과 원칙대로 업무를 처리한 결과 성과는 항상 최상위권을 마크하였습니다. 주위 직원들로부터 대충 대충 해도 되는데 저렇게 집에도 안 가고 열심히 한다면서 칭찬과 함께 질시도 받았지만 지금 생각해 보아도 한눈팔지 않고 정도(正道)로 일로매진(一路邁進) 한 것이 나를 보호해 주는 가장 좋은 상비약이었습니다. 한번은 먼발치로 아는 선배가 인사기록카드 사본을 좀 보내 달라고 하여 아무 생각 없이 보낸 결과, 자기가 나가고 싶으니까 일방적으로 저를 자기 후임자로 추천해버린 사건(?)이었습니다. 발령받아 가보니 감당키 어려운 업무를 취급하게 되어 쌍코피를 흘렸지만 그로 인해 그 다음 자리는 원하는 자리로 가게 된 적도 있습니다.

모 경찰서 근무 시 승진 1순위라면서 걱정하지 말라고 하여 아무 걱정없이 '승진하면 어디로 갈까?' 보랏빛 꿈에 부푼 적도 있었지만 그해 그 꿈은 실현되지 못했고 그 다음 경찰서에 가서는 주위에서 승진서열 0순위라고 정말정말 걱정하지 말라고 하였지만 다음 날 걱정하는 일이 생긴 적도 있었습니다. 지금 정년퇴직을 하고 지난 일을 더듬어 보니 승진이나 자리는 그저 흘러가는 강물에 떠 있는 가을 낙엽이 아닌가 생각됩니다.

체대불경 거안사위(遞代不驚 居安思危)

공직자의 자리는 늘 변화무쌍하니 갑자기 자리가 바뀌어도 놀라거나 슬퍼할 일도 아니며 늘 떠날 준비를 하면서 최선을 다해야 합니다. 그 자리가 그 사람 자리가 아닐 수도 내 자리가 내 자리가 아닐 수도 있습니다.

47

떠난 자리에 향기가

여인지송(與人之誦)
구이불이(久而不已)

많은 사람이 떠나간 공직자를 기억하고 칭송하는 소
리가 오래도록 그치지 않는다면 그가 행한 정사를
알 수 있다

– 목민심서 해관 편 '유애'

與 줄 여, 人 사람 인, 之 갈 지, 誦 욀 송
久 오랠 구, 而 말 이을 이, 不 아닐 불, 已 이미 이

제가 고향인 세종에서 경찰서장을 마치고 퇴임하는 즈음에 지역 신문에서 잘 다루어 준 기사입니다. 물론 이 보도는 경찰서 담당 과장님이 잘 써서 보낸 저의 공적조서(?) 같은 자료를 바탕으로 보완해서 낸 기사라서 나름 최선을 다했다고는 하지만 많이 부끄럽기도 합니다. 하지만 이 보도에 내부 직원이나 시민들이 별다른 토를 달지 않은 것을 볼 때 제가 서장으로 근무하면서 '평년작은 하였구나' 하는 아전인수로 위안을 삼고 있습니다.

김정환 前 세종경찰서장, 40여 성상을 뒤로하고 시민의 품으로..

명실상부 명품 세종시를 각종 치안시책을 통해 치안을 한층 확고히 안정적으로 이끌어 왔다는 평을 받아왔던 김정환 前 세종경찰서장이 오는 6. 30자로 40년의 공직생활을 마감하고 세종시민의 품으로 돌아간다.

김정환 前 서장은 세종경찰서장 재임 당시 취임 일성으로 강조한 역지사지의 업무자세로 존중과 배려를 바탕으로 주민 안전을 최우선으로 하는 각종 치안시책을 펼쳐 세종시 위상에 걸맞는 고품격 치안서비스를 제공하는 등 격의 없는 행보로 조직은 물론 지역사회에 소통과 화합이 어우러진 존중문화를 확산시켜 세종시를 안정적으로 이끌어 왔다는 평가를 받아왔다.

특유의 소탈한 성격과 따스함, 거침없는 업무추진력으로 취임 초기부터 세종시민들이 무엇을 원하는지 제대로 된 쓴소리를 들어야 한다며 참석을 희망하는 각 지역 기관단체, 오피니언, 이통장, 일반 시민 등을 초청, "쓴소리 경청 간담회"를 개최하여 평소 생활 주변에서 경찰업무로 인한 불안, 불편, 불만 즉 3不요소를 접수받아 세종시청 등 해당기관 협의 및 기능별 검토를 거쳐 회의 참석 주민에게 그 결과를 통보하고 후속조치로 "3不해소를 위한 종합 치안대책"을 수립 시행하여 본청 주관 치안행정 우수사례로 선정되기도 하였다. 또한, 시민과 경찰의 소통을 통한 지역 주민의 공감대 활성화를 위하여 매월 치안 소식지를 제작, 배포함으로써 각종 치안 정보를 공유하고 오랜 근무 경험에서 나오는 탁월한 노하우와 판단력으로 체감 안전도 향상을 위해 관내 방범용 CCTV와 공중화장실 안심 비상벨을 일제 점검하여 노후된 CCTV 교체와 수리 등 범죄관련 시설 개선으로 인프라를 새롭게 구축하여 이를 바탕으로 범죄 취약지에 설치된 CCTV와 경찰서 상황실, 그리고 세종시청 도시통합정보센터 3자간 일반주민들이 위급한 상황 발생 시 CCTV 비상벨을 누르면 도시통합정보센터 경찰관과 교신 후 경찰서 상황실과 무전 교신으로 즉각적인 출동과 조치가 이루어지도록 한 입체적 범죄예방 및 검거 시스템인 "삼각 포인트 순찰제"를 전방위적으로 전개, 세종시 위상에 걸맞는 선진 치안시스템으로 시민으로부터 큰 관심과 호응을 받았으며 신학기 어린이 범죄 안전을 위한 「굿모닝 해피스쿨」 캠페인 전개, 「나를 찾아줘」 범죄예방 프로그램, 노인정을 방문해 노인 교통사고 예방을 위한 「교통안전 예방교실」을 운영하는 등 우수한 치안시책 성과를 인정 받아 국회 행정안전위원회 주관, 경찰관서로는 처음으로 「치안행정 대상」을 수상하기도 했다.

또한, 내부적으로 신명나는 직장문화 조성을 위해 묵묵히 일하는 모범 직원을 선발 즉상하는 「쓱(SSG)」 프로젝트, 숙원과제였던 수사부서 확대 개편을 통한 인력증원 등 조직 내부시스템 정비 및 근무환경개선 등으로 내부만족도 제고 활동에도 소홀함이 없도록 하는 등 세종청 개청, 세종경찰서 1급서 승격, 세종시 인구 30만 명 시대 등 급변하는 치안 환경 속에서도 섬세하고 효율적인 치안 시책으로 경찰 활동을 폭넓게 전개하여 안정적인 세종시 치안을 유지하는 기틀을 마련했다는 점에서 높게 평가받고 있다. 아울러, 김정환 前 서장은 특이한 이력의 소유자로 세종시 금남면이 고향으로 순경에서 총경, 경찰학 박사 학위까지 입지전적인 인물로 알려져 있으며 타고난 열정으로 보면 대내외적으로 현직에 남아 고향인 세종시의 안정적인 치안 유지와 발전을 위해 더 봉사해야 한다며 공직생활을 마감하는 김 前 서장에게 아쉬움을 전하며 안타까워하고 있다.

퇴임 즈음에 만난 김 前 서장은 "돌이켜보면 지금까지 무탈하게 공직 생활을 마무리할 수 있었던 것은 오로지 동료 직원들의 많은 협조와 지역주민들의 아낌없는 성원과 관심 덕분"이라며 "퇴임 후에도 지역사회에 미력하나마 도움이 되고자 노력하겠다"며 짧은 소회를 밝혔다. 향후 공직생활을 마무리하며 새롭게 제2의 인생을 출발하는 김 前 서장의 열정이 담긴 다음 행보가 사뭇 기대되고 있다.

여인지송 구이불이 (與人之誦 久而不己)

　객지에서 오랜 공직생활을 하다 고향에서의 마지막 마무리 근무 후 정착해서 살고 있는 저는 언감생심 여인지송(與人之誦)의 소리를 듣는 것이 마지막 소원일지도 모릅니다.

48

맑은 바람과 함께 사라지다

청사귀장(淸士歸裝)
기청표습(其淸颷襲)

청렴한 선비의 퇴임 행장은 깨끗하여 낡은 수레와 여
윈 말일지언정 맑은 바람이 사람을 감싼다

— 목민심서 해관 편 '귀장'

淸 맑을 청, 士 선비 사, 歸 돌아갈 귀, 裝 꾸밀 장
其 그 기, 淸 맑을 청, 颷 폭풍 표, 襲 엄습할 습

정년 퇴임식에서 후배님들에게 드린 저의 퇴임사를 소개합니다.

고맙습니다.

영상을 보니 제가 생각해도 '참 오래도 근무했구나' 하는 생각이 듭니다.

오늘 부족한 제 경찰살이 38년 10개월 12일의 마무리 날, 이렇게 성대한 기념식을 준비해 주신 청장님께 감사드리며 행사를 위해 고생하신 경무과 직원을 비롯한 5백여 세종 경찰 가족 모두에게도 진심으로 고맙다는 말씀을 드립니다.

또 제가 경찰 생활 하는 동안 늘 성원해 주시고 자랑스러워 해주시는 경우회장님을 비롯한 선배님들..

우리 경찰 일이라면 앞장서서 물심양면으로 발 벗고 도와주시는 경찰발전협의회, 생활안전협의회, 자율방범대, 녹색어버이회 등을 비롯한 협력단체장님과 회원님들

동생이 경찰서장 되어서 왔다고 늘 자랑스러워 하시면서 걱정과 응원을 보내주시는 집안 형님을 비롯한 친척들

모임에도 자주 참석치 못하고 늘 바쁜 척하는 저를 항상 따뜻한 시선으로 지켜봐 주면서 성원을 아끼지 않는 마음 착한 친구들...

이렇게 '코로나 19'의 엄혹함을 무릅쓰고 부족한 저의 정년 퇴임식에 참석해 주시고 축하를 해 주셔서 진심으로 감사드립니다.

이 세종경찰청이 위치한 이 자리는 제가 태어나서 초등학교와 중학교를 다니던 유년시절, 소박한 꿈을 키웠던 제 고향 땅입니다.

이제 이곳에서, 힘들었지만 보람 있었던 객지살이와 경찰살이의 여정을 마치고 닻을 내리려 하니 만감이 교차하면서 지난 세월이 주마등처럼 떠오릅니다.

별다른 대책도 없이 사랑만을 듬뿍 싸서 서울로 보내주신 부모님의 불타는 교육열에 힘입어 한 달에 6천 원을 받고 야간 공업고등학교를 다니면서도 가난이라는 것은 불편할 뿐이지 부끄러운 것이 아니며 가난보다 더 힘든 것은 자존감을 잃는 것이라는 것을 배웠고 존중하고 배려하면서 항상 역지사지의 자세로 살아가면 그 덕이 결국 나한테 다시 오고 그것이 이 생에서 쌓게 되는 조상의 선업이라는 것도 배웠습니다.

늘 꾸어왔던 꿈을 이루기 위해 항상 웃음을 잃지 않고 긍정의 마인드로 매사 최선을 다한다면 언젠가 그 노력의 과실을 맛볼 수 있다는 것도 알게 되었습니다.

저는 38여 년 전 '누구나 쉽게 가지 않고 또 쉽게 갈 수 없는 길'인 경찰살이를 시작했습니다.

경찰이 좋아서 전투경찰로 군 생활을 했고, 제대를 6개월 남기고 시험을 보고 입직해서 파출소와 경찰서를 거쳐 경찰청 정보국, 수사국, 대통령사정비서관실, 감사관실 그리고 일선 경찰서에 근무를 하면서 많은 사람과의 인연과 도움 속에 뒤돌아보지 않고 조직과 주민들을 위한다는 저 나름의 소박한 목표를 갖고 앞만 보고 여기까지 왔습니다.

정말 열심히 뛰었고 최선을 다했다고 자부했습니다.

다른 사람들도 그렇게 인정해 주실 거라 생각했습니다.

하지만 이제와 곰곰이 생각해 보니 모두가 제 위주로 살아왔다는 것을 알게 되었고 제가 조직과 주민을 위한다는 그 휘황한 구호로 인해 많은 분들에게 부담을 드렸고 또 갚을 수 없는 큰 신세를 졌다는 생각을 하게 되었습니다.

이제는 감사한 마음만 갖고 살겠습니다.

파출소 근무시절, 도급경비를 담당하면서 소내 난로 연탄 값을 아낀답시고 관내 건축 공사장을 돌아다니며 주워 온 목재가, 버리는 목재가 아니었지요. 37년 전, 서대문구 연희1동 쇼핑센터 옆, 연립주택 신축 현장 소장님 죄송합니다.

경찰청 정보과와 조사과 근무 시, 최고의 정보관이 되겠다고 삭풍이 몰아치는 한겨울, 여의도 바닥을 훑고 다니면서 폼 잡던 저에게 자료도 주시고 커피까지 사 주시면서 들들 볶인 많은 지인 분들, 고맙습니다.

본청 감찰 시절, '내가 아니면 이 조직을 누가 지키겠느냐'는 독수리 5형제의 황당무계한 생각으로 전국이 좁다하고 돌아다니면서 선 · 후배님들을 '나와라 들어가라' 무던히 괴롭혔지요. 그때 그 선 · 후배님들.. 죄송합니다. 하지만 그래서 이 조직이 더 맑아지고 있답니다.

서울청 기동본부 장비과장 근무 시에는 살수차 매뉴얼과 채증 매뉴얼을 만든다고 허구한 날 살수 요령, 채증 요령을 반복 실습하도록 해서 장비과 직원들과 의경들에게 '독한 과장이 와서 정말 힘들이 죽겠다'는 이야기도 들었지요. 그것도 정말 미안합니다. 하지만 그 살수차 매뉴얼 덕분에 조직에서 큰 도움을 받았지요.

최루탄 발사기 차량을 개조하여 방패 트럭을 개발하고 지하철 차단벽을 만든다고 수십 차례 실험을 하는 과정에서 장비 제조업체로부터 돈 안 되는 이 일, 정말 못해 먹겠다는 이야기도 들었지요. 사장님 고맙습니다. 덕분에 지금도 잘 활용하고 있답니다.

또, 제 자신 부족한 배움을 채우기 위해 학업을 계속하는 과정에 고졸 학력으로 근무하고 있는 만만한 후배들 근 1백여 명에게 강권하고 꼬드기고 심지어 협박까지 하여 학업을 계속하도록 주선해서 석, 박사까지 받도록 했지만 지금도 전화로 또는 만날 때마다 저 때문에 학자금 대출로 빚졌다고 원망도 많이 듣고 있습니다. 사과드립니다.

하지만 당신들끼리 술 마시면서 저를 안주 삼는 것은 좋지만 심야에 돌아가면서 전화를 하고 마지막에 스피커 폰으로 건배사를 해달라는 말은 하지 말아 주십시오. 제발 잠 좀 잡시다.

또 생활안전과장을 역임했던 천안서, 관악서, 동작서, 용산서, 광진서 및 강남서 근무 시에는 자전거 순찰대, 오토바이 순찰대, 골목길 안심순찰대, 태권 폴리 순찰대, 또 무슨 무슨 4대 케어 종합치안대책, 등등 특수시책을 만든답시고 각종 이상야릇한 명칭을 붙여서 시행하는 과정에 생활안전과 직원들은 물론, 협력단체와 주민들까지도 참 힘들게 했습니다. 두손 들고 반성 또 반성합니다.

이곳 세종서장 재직 시에도 순찰차 호칭을 지역명칭 대신 주기표로 확 바꾸도록 해서 상황실 직원들과 지역경찰들이 며칠간 고생하셨고 수사과 사무실을 증축하는 바람에 마음 착한 우리 경리계장님을 힘들게 하였고 방범용 CCTV를 활용한 삼각 포인트 순찰, 어린이 안전을 위한 나를 찾아줘와 굿모닝 해피스쿨, 그리고 골목길 안심순찰대를 발대하는 과정에서 생안계와 여청계, 그리고 지구대장님과 파출소장님들을 힘들게 하였을 뿐만 아니라 각 협력단체장 및 회원 분들을 비롯한 주민들까지도 오시도록 해서 죄송하고 또 죄송합니다.

제가 이렇게 주는 것 없이 부려먹기만 한 결과 일을 참 잘하시고 늘 주위를 부드럽게 만드는 해피바이러스인 모 경위님은 세종청으로, 예쁘고 바지런한 모 경장님은 유학으로, 멋지고 다정다감한 모 경사님은 대전청으로, 또 늘 덩치만큼 성실하신 모 경위님은 청사경비대 등으로 두루두루 탈출을 감행하셨지요.. 정말 미안합니다.

이제 생각해 보니 이게 다 '갑질 중의 최상의 갑질'이란 것을 이제야 깨닫습니다.

하지만 정말 고맙고 감사했습니다.

그리고 내려놓은 연습도 하겠습니다.

인사 관련 서운함도 다 잊어가고 있습니다.

평소 눈 여겨 보고 나름대로 관심을 주었던 직원이 전화 한 통 없는 것에도 서운한 마음을 버리겠습니다.

서장님, 언제 한번 막걸리 한잔하시지요 라고 공수표 날리고 5개월이 지난 지금까지 실천을 하지 않고 있는 누구라고 이야기하기는 그렇지만 모모 과장님도 너무 부담 갖지 마십시오. 이제는 막걸리 대신 소주로 주종 변경 중입니다.

우연히 112신고 처리 현장을 지나다 출동한 직원이 평소 아는 사이인데도 눈이 마주쳤는데 아는 체를 해 주지 않았던 것도 이해합니다.
재직 중에는 두세 번 신호에 전화를 신속히 받았었는데 며칠 전에 전화했던 직원이 지금까지 전화가 없는 것도 그러려니 하고 넘기고 있습니다.

쉽지는 않겠지만 이제는 다 잊고 내려놓으려 합니다.

평소에 우연히 마주친 후배가 아는 척만 해도 고맙다고 했는데 그마저도 내려놓고 가겠습니다.

경찰이란 직업이 참 어렵더라구요.....

어항 속의 금붕어지요.
많은 사람들의 투시 대상이고 심지어 지탄 대상이고 또 스트레스 해소 대상이고..
그럼에도 이 어려운 직업, 저희 집안의 가업을 잇겠다고 노력하고 있는 아들, 딸, 조카.. 두루두루 고맙다. 하지만 경찰이란 직업이 만만치 않은 것 잘 알고 있지?

끝으로 이 자리에서 꼭 감사를 드려야 할 분을 소개합니다.

집보다는 사무실에 있는 것을 더 좋아하고, 자식 걱정보다는 직원들 의무위반 걱정을 더하면서 그동안 못 한 공부한답시고, 또 승진한답시고 가정을 거의 포기하다시피 살아온 무심한 남편을 어여삐 여기면서 내조하느라 정말 고생한 제 배우자 이종숙 여사님

이 자리를 빌려 진심으로 고맙다는 말씀을 드리면서, 이 징글징글한 코로나가 끝나면 여행도 가려고 계획하고 있습니다. 속는 셈 치고 한번 믿어봐 주십시오.

청사귀장 기청표습인(淸士歸裝 其淸飇襲人)

청렴한 관리의 퇴임 행장은 맑고 깨끗해서 낡은 수레와 여윈 말 일지언정 맑은 바람이 옷깃에 스며든다.

정말 말도 안 되지만 감히 감히 다산 정약용 선생의 흉내를 내본다면 제가 오늘 이 행사를 마치고 집으로 돌아가는 길에 아들로부터 물려받아 타고 있는 제 로시난테인 '기아 K3'에 불어오는 맑고 청량한 바람이 우리 사랑하는 경찰 후배님들에게도 불었으면 하는 소망을 가지면서 퇴임사에 갈음하겠습니다.

감사합니다.

참고한 자료

- 『경찰이 사기를 가르치다』 박화진 지음. 지식공감
- 『유배지에서 보낸 편지』 정약용 지음. 박석무 편역. 창비
- 『다산 정약용 유배지에서 만나다』 박석무 지음. 한길사
- 『목민심서』 정약용 저. 노태준 역해. 홍신문화사
- 『목민심서』 정약용 저. 변진흥 엮음. 늘푸른 소나무
- 『다산의 사랑』 정찬주 장편소설. 한결미디어
- 네이버 한자사전
- 네이버 지식백과
- 나무위키
- 청렴연수원 및 양성평등교육원 교재

김정환의 시민 눈높이 맞춤

범죄예방 컬렉션

※ 이 시책들은 범죄예방을 위해 직원들과 머리를 맞대고
아이디어를 낸 후, 관서장의 결심을 받아 현장에 접목하
여 다수 성공한 사례로 일부는 시행 중인 경찰 활동임

1. 가시적 예방활동과 질서유지는 자전거를 탄 '참수리 패트롤'

인파가 운집하는 주말의 치안유지를 위해 남·녀 경찰 8명이 자전거를 타고 골목 곳곳을 누비며 불법 전단지 살포, 호객행위 단속, 노상적치물 정리 등 도심권의 질서를 바로잡기 위한 자전거 순찰대, 각종 대규모 행사에서 큰 성과를 거둠

2. 매뉴얼 속 매뉴얼 '현미경을 위한 일오공' 숙지로 현장 대응능력강화

 팀장들로부터 변화무쌍한 112신고 현장에서 잘 처리된 내용을 수집·정리, '현미경을 위한 일오공(현장에서 미소 짓는 경찰관을 위한 일일 오분이상 공부하기)'이라는 네이밍으로 '네이버 밴드'에 공유, 적극 활용 현장 에러 방지

3. 112신고자에게 신뢰를 갖게하는 '친절명찰·정성명함'

112신고 처리 시 출동 경찰관의 실명을 당당하게 알리기 위해 왼쪽 가슴에 탈·부착식 친절명찰을 부착하고 공용핸드폰 번호가 기입된 정성명함을 교부, 시민의 신뢰도 제고 및 민원 감소와 더불어 체감안전도 수직 상승 성과 거양

4. 비행 청소년 선도·보호는 '태권폴리 순찰대'의 자동 순찰제

학교 밖 청소년 보호를 위해 관내 태권도 관장과 사범들로 구성된 '태권폴리 순찰대'를 조직, 차량에 대형 스티커를 부착 후 자동으로 순찰목적 달성, 불량 청소년 선도 효과 거양

5. 주민과 눈높이 맞춤은 '이야기가 있는 골목길 안심 순찰'

주민들의 자발적 참여를 통한 '이야기가 있는 골목길 안심 순찰대'를 조직, 매주 금요일 야간에 범죄 취약지역을 순찰하면서 주민의 Need 청취 등 눈높이 치안 활동, 커뮤니티 폴리싱 구현

7. 발품 순찰의 해답은 '삼각 포인트 순찰'로 효과 거양

112순찰차, 관제센터, 상황실의 세 기능을 묶어 순찰하는 방법으로 주간에 순찰 근무자가 방범용 CCTV 비상벨을 누르면서 CCTV통합관제센터와 경찰서 상황실이 동시에 대응, 어린이들에게 현장 범죄예방 교육 등 주민 신뢰 제고 및 체감안전도 획기적 향상

8. 통장님의 안부를 묻는 '통문 순찰' 실시로 주민 Need 해결

지역관서 팀장님들이 해당 지역의 불안·위험 요소 등 주민의 Need를 가장 잘 알고 있는 통장님에게 전화 등을 통해 안부를 물으면서 그 지역 치안 수요를 수집, 그 자료를 바탕으로 범죄예방 계획 수립

9. '비타민과 함께하는 숏 탠딩 교양' 및 '쓱(SSG) 프로젝트'

과장은 지역관서를 예고 없이 방문, 변경된 매뉴얼이나 최근 치안 상황 등을 약 5분 정도 서서 임팩트 있게 전달하면서 슬그머니 비타민을 손에 쥐어주고 서장도 역시 지역관서에 예고없이 쓱(SSG) 방문하여 유공자에게 표창을 수여하고 즉시 나오는 등 다가가는 자세로 매년 경찰서 내부 직무만족도 향상 1위 유지

10. 30년 이상 재직 근무자 '30년 배지' 부착으로 자긍심 고취

계급과 서열이 분명한 경찰조직에서 '연공도 벼슬이다'라는 모토로 30년 이상 재직한 선배들에게 격려행사와 함께 '30년 이상 재직 배지'를 부착토록 하여 하위 계급으로 장기재직 중인 직원에 대한 자긍심 고취와 함께 조직이 화합·단결하는 계기 마련

12. 관리반 직원들과 함께하는 '수다day' 실시로 소통의 장 마련

매주 수요일, 각 지역관서 관리반장들이 등서하면 이들과 함께 한 시간여 특별한 주제 없이 다과를 나누며 세상 돌아가는 이야기로 수다를 떨고 차를 마시는 '수다(水茶)day'를 열어 지역관서 분위기와 애로사항을 듣는 등 소통·화합 문화 정착, 직무만족도 상승

13. 음주운전 근절을 위한 '금요일의 막내 생각' 문자 전송

음주운전을 단속하는 경찰관의 음주운전으로 시민의 신뢰 저하와 조직 내 일하는 분위기에 찬물을 끼얹는 궤도이탈자를 막고자 매주 금요일 촌철살인의 문자를 만들어 신임직원의 명의로 전 서원에게 전송, 음주운전 방지 및 조직 내 흐트러진 분위기 일신 효과

14. 초등학교 어린이 안전 확보를 위한 '굿모닝 해피 스쿨' 실시

초등학교 등·하교 시간에 정복 경찰관과 교사, 녹색어버이회원, 교육청 직원 등과 함께 어린이 안전 지도, 특히 경찰은 실무자나 팀원이 아닌 지휘부아 지역관서장만 참여, 무전으로 배치 확인 등 하루를 어린이 안전을 지키는 역동적인 '굿모님 해피 스쿨'로 시작

15. 찾아가는 범죄예방 교실 '나를 찾아줘' 프로그램 운영

어린이·노인·여성 등이 위험에 처했을 때 '방범용 CCTV 비상벨 활용 방법', '아동안전지킴이 집 위치', '공중화장실 등에서의 행동 요령' 등 효율적인 구조 요청 방법을 현장에서 직접 알려 주는 '나를 찾아줘' 프로그램 운영으로 시민에게 큰 호응과 신뢰 제고

16. 틀에 박힌 '정선 순찰'에서 '어·뚜·기 순찰'로 범죄심리 제압

경찰관이 도보 순찰을 할 때 앞만 보고 그냥 걷는 것이 아니라 어슬렁거리면서 때로는 뚜벅뚜벅, 그리고 여기저기 기웃 기웃거리면서 모든 사물에 대해 문제의식을 갖고 순찰, 범죄예방 및 홍보 효과 획기적 거양

17. 순찰차도 잠시 쉬는 '이·하·십·이 순찰'로 주민과 소통 강화

'이·하·십·이(20분 하차, 10분 이동) 순찰'이란 도보 순찰자가 보이지 않는다는 주민 요구를 반영, 주간에 공원이나 비행 청소년들이 운집하는 취약지역 등에 약 20분 정도 순찰차에서 하차하여 주변 도보 순찰 후, 10분은 순찰차로 이동하면서 순찰하는 방법

18. '안전지킴이' 확보 및 치안소식지 발송, 체감안전도 향상

지역경찰관들이 도보 순찰이나 112신고 처리 시 만난 주민들로부터 '안전지킴이' 승낙과 함께 이름과 전화번호를 과장에게 보내주면 이를 정리해서 매월 1일, 시기별로 적절한 치안소식이 담긴 문자를 만들어 서장님께 보고 후, 서장 명의로 안전지킴이들께 전송

김정환

세종시, 경찰학 박사
순경으로 경찰 입직
경찰청 정보국·수사국·감사관실
대통령 사정비서관실
서울청 서대문·관악·동작·용산·광진·강남경찰서
제75대 세종경찰서장
한국영상대학교 경찰범죄심리과 교수
세종시 감사위원 및 선거관리위원
국민권익위원회 청렴연수원등록 청렴교육전문강사

경찰 김정환의 유쾌하고 솔직한 청렴이야기

목민경찰 39+

초판 1쇄   2024년 5월 1일

지은이   김정환
발행인   김재홍
교정/교열   박화진
디자인   박효은
마케팅   이연실

발행처   도서출판지식공감
등록번호   제2019-000164호
주소   서울특별시 영등포구 경인로82길 3-4 센터플러스 1117호(문래동1가)
전화   02-3141-2700
팩스   02-322-3089
홈페이지   www.bookdaum.com
이메일   jisikwon@naver.com

가격   20,000원
ISBN   979-11-5622-865-3 03330